Indonesian Vocabulary:
An Indonesian Language Guide

Davit Iosava

Contents

List of Indonesian letters	1
1) MEASUREMENT	**3**
Time	9
Months of the Year	15
Days of the Week	17
Seasons	18
Numbers	19
Ordinal Numbers	22
Geometric Shapes	25
Colors	28
Related Verbs	31
2) WEATHER	**35**
Related Verbs	54
3) PEOPLE	**57**
Characteristics	65
Stages of Life	72
Religion	75
Work	76
Related Verbs	82
4) PARTS OF THE BODY	**87**
Related Verbs	95
5) ANIMALS	**97**
Birds	108
Water/Ocean/Beach	111
Insects	113
Related Verbs	116
6) PLANTS AND TREES	**119**
Related Verbs	130

7) MEETING EACH OTHER	133
Greetings/Introductions	133
Greeting Answers	136
Saying Goodbye	138
Courtesy	139
Special Greetings	140
Related Verbs	141
8) HOUSE	143
Related Verbs	164
9) ARTS & ENTERTAINMENT	167
Related Verbs	182
10) GAMES AND SPORTS	185
Related Verbs	203
11) FOOD	207
Restaurants and Cafes	217
Related Verbs	227
12) SHOPPING	231
Related Verbs	240
13) AT THE BANK	243
Related Verbs	251
14) HOLIDAYS	255
American Holidays	258
Related Verbs	262
15) TRAVELING	265
Modes of Transportation	274
Hotels	276
Related Verbs	288
16) SCHOOL	293
Related Verbs	307
17) HOSPITAL	311
Related Verbs	324
18) EMERGENCY	327
Related Verbs	336

List of Indonesian letters

Order	Indonesian Latin Alphabet/Diphthong	IPA
1.	A a	/aa/
2.	B b	/b/
3.	C c	/tʃ/
4.	D d	/d/
5.	E e	/ə e ɛ/
6.	F f	/f/
7.	G g	/g/
8.	H h	/h/
9.	I i	/ee/
10.	J j	/dʑ/
11.	K k	/k/
12.	KH kh	/x/
13.	L l	/l/
14.	M m	/m/
15.	N n	/n/
16.	NG ng	/ŋ/
17.	NY ny	/ɲ/
18.	O o	/o ɔ/
19.	P p	/p/
20.	Q q	/k/
21.	R r	/r/
22.	S s	/s/
23.	SY sy	/ʃ/
24.	T t	/t/
25.	U u	/oo/
26.	V v	/v/
27.	W w	/w/
28.	X x	/ks/

29.	Y y	/y j/
30.	Z z	/z/
31.	AI ai	/ai/
32.	AU au	/au/
33.	OI oi	/ɪo/

INDONESIAN VOCABULARY: AN INDONESIAN LANGUAGE GUIDE

1) MEASUREMENT
Pengukuran
*[Pə-ŋoo-**koor**-ràn]*

acre
hektare
*[**heck**-tàr]*

area
luas
*[**loo**-wàs]*

case
kotak
*[**kò**-tàk]*

centimeter
sentimeter
*[**sɛn**ti-mɛtər]*

cup
cangkir
*[**chàng**-kir]*

dash
jumput
*[**joom**-put]*

degree
de**ra**jat
*[də-**ra**-dʑat]*

depth
da**lam**
*[dà-**làm**]*

digit
di**git**
*[di-**git**]*

dozen
lusin
*[**loo**-sin]*

foot
ka**ki**
*[kà-**ki**]*

gallon
ga**lon**
*[gà-**lawn**]*

gram
gram
*[**gràm**]*

height
tinggi
*[**ting**-gi]*

huge
sangat **besar**
*[sà-ngat **bə-sàr**]*

inch
in**ci**
*[in-**chi**]*

kilometer
kilo**meter**
*[ki-ló **mɛ-tər**]*

length
pan**jang**
*[pàn-**jàng**]*

liter
liter
*[**lée**tər]*

little
ke**cil**
*[kə-**chil**]*

measure
u**kur**
*[oo-**koor**]*

meter
meter
*[**m**ɛ*tər*]*

mile
mil
*[**mill**]*

minute
me**nit**
*[mə-**nit**]*

miniature
minia**tur**
*[mínee-à-**tour**]*

ounce
ons
*[**auns**]*

perimeter
peri**meter**
*[perí- **m**ɛ*tər*]*

pint
setengah **liter**
*[sə-tə-ŋgah **léetər**]*

pound
pon
*[**pond**]*

quart
kuart
*[**kwart**]*

ruler
peng**garis**
*[pəng-**gà-rís**]*

scale
timba**ngan**
*[teem-bà-**ngàn**]*

small
ke**cil**
*[kə-**chil**]*

tablespoon
sendok **makan**
*[send-dock **mà-kàn**]*

teaspoon

sendok **teh**

*[send-dock **teh**]*

---

ton

ton

*[**ton**]*

---

unit

u**nit**

*[oo-**nit**]*

---

volume

vo**lu**me

*[vo-**loo**-mə]*

---

weigh

menim**bang**

*[mə-nim-**bàng**]*

---

weight

be**rat**

*[bə-**ràt**]*

---

width

le**bar**

*[le-**bàr**]*

yard
yard
[yard]

Time
Waktu
[Wák-too]

What time is it?
Jam/pukul berapa sekarang?
[Jám/poo-kool bə-rá-pá sə-ká-raang?]

It's 1:00 AM/PM
Sekarang jam/pukul 1 pagi/siang
[Sə-ká-raang jám/poo-kool 1 pá-gi/sí-áng]

It's 2:00 AM/PM
Sekarang jam 2 malam/siang
[Sə-ká-raang jám 2 má-lám/sí-áng]

It's 3:00 AM/PM
Sekarang jam 3 pagi/sore
[Sə-ká-raang jám 3 pá-gi/so-re]

It's 4:00 AM/PM
Sekarang jam 4 pagi/sore
[Sə-ká-raang jám 4 pá-gi/so-re]

It's 5:00 AM/PM
Seka**rang** jam 5 pa**gi**/**so**re
*[Sə-ká-**raang** jám 5 pá-**gi**/**so**-re]*

It's 6:00 AM/PM
Seka**rang** jam 6 pa**gi**/**so**re
*[Sə-ká-**raang** jám 6 pá-**gi**/**so**-re]*

It's 7:00 AM/PM
Seka**rang** jam 7 pa**gi**/ma**lam**
*[Sə-ká-**raang** jám 7 pá-**gi**/má-**lám**]*

It's 8:00 AM/PM
Seka**rang** jam 8 pa**gi**/ma**lam**
*[Sə-ká-**raang** jám 8 pá-**gi**/má-**lám**]*

It's 9:00 AM/PM
Seka**rang** jam 9 pa**gi**/ma**lam**
*[Sə-ká-**raang** jám 9 pá-**gi**/má-**lám**]*

It's 10:00 AM/PM
Seka**rang** jam 10 pa**gi**/ma**lam**
*[Sə-ká-**raang** jám 10 pá-**gi**/má-**lám**]*

It's 11:00 AM/PM
Seka**rang** jam 11 si**ang**/ma**lam**
*[Sə-ká-**raang** jám 11 sí-**áng**/má-**lám**]*

It's 12:00 AM/PM
Seka**rang** jam 12 si**ang**/ma**lam**
*[Sə-ká-**raang** jám 12 sí-**áng**/má-**lám**]*

in the morning   di pa**gi** ha**ri**   *[dee pá-**gi** há-**rí**]*
in the afternoon   di **so**re ha**ri**   *[dee **so**-re há-**rí**]*
in the evening   di ma**lam** ha**ri**   *[dee má-**lám** há-**rí**]*
at night   ma**lam** ha**ri**   *[má-**lám** há-**rí**]*
afternoon   **so**re   *[**so**-re]*
annual   ta**hun**an   *[tá-**hún**-án]*

calendar
kalender
[ká-lɛnd-der]

daytime
siang hari
[sí-áng há-rí]

decade
dekade
[dɛ-ká-də]

evening
malam
[má-lám]

hour
jam
[jám]

midnight
tengah malam
[tə-ŋgáh má-lám]

minute
menit
[mə-nít]

morning
pagi
[pá-gí]

month
bulan
[boo-lán]

night
malam
[má-lám]

nighttime
malam hari
[má-lám há-rí]

noon
siang
[sí-áng]

now
sekarang
[sə-ká-raang]

o'clock
jam
[jám]

past
la**lu**
*[lá-**loo**]*

present
sa**at ini**
*[sá-**át íní**]*

second
detik
*[**də**-tík]*

sunrise
matah**ari ter**bit
*[má-tá-haa-**ree tər**-beet]*

sunset
matah**ari ter**benam
*[má-tá-haa-**ree tər**-bə-nám]*

today
har**i ini**
*[há-**rí íní**]*

tonight
ma**lam ini**
*[má-**lám íní**]*

tomorrow
besok
[bɛ-sock]

watch
jam ta**ngan**
[jám tá-ŋgán]

week
minggu
[míng-goo]

year
ta**hun**
[tá-hún]

yesterday
kema**rin**
[kə-má-reen]

Months of the Year
Na**ma** Bu**lan**
[Ná-má Boo-lán]

January
Ja**nu**ari
[Já-noo-á-rí]

February
Februari
*[**Feb**-roo-á-rí]*

March
Ma**ret**
[Má-rət]

April
April
*[Á-**preel**]*

May
Mei
[Mɛ-í]

June
Juni
*[**Joo**-nee]*

July
Juli
*[**Joo**-lee]*

August
A**gus**tus
*[Á-**goos**-toos]*

September
Sep**tem**ber
*[Sɛp-**tɛm**-bər]*

October
Oktober
*[**Ok**-tò-bər]*

November
No**vem**ber
*[No-**vɛm**-bər]*

December
De**sem**ber
*[De-**sɛm**-bər]*

Days of the Week
Nama Hari
*[Ná-**má** Há-rí]*

Monday
Se**nin**
*[Sə-**nín**]*

Tuesday
Se**la**sa
*[Sə-**lá**-sá]*

Wednesday
Rabu
[**Rá**-boo]

Thursday
Ka**mis**
[Ká-**mís**]

Friday
Jum**at**
[Joom-**át**]

Saturday
Sabtu
[**Sáb**-too]

Sunday
Minggu
[**Míng**-goo]

Seasons
Na**ma** Mu**sim**
[Ná-**má** Moo-**sím**]

winter
mu**sim** di**ng**in
[moo-**sím dee**-ŋgín]

spring
mu**sim se**mi
[*moo-**sím sə**-mí*]

summer
mu**sim pa**nas
[*moo-**sím pá**-nás*]

fall/autumn
mu**sim gu**gur
[*moo-**sím goo**-goor*]

Numbers
Angka
[***Áng**-kaa*]

One (1)
Satu (1)
[***Sá**-too*]

Two (2)
Dua (2)
[***Doo**-á*]

Three (3)
Tiga (3)
[***Tee**-gá*]

Four (4)

Em**pat** (4)

*[Əm-**pat**]*

Five (5)

Lima (5)

*[**Li**-ma]*

Six (6)

E**nam** (6)

*[Ə-**nam**]*

Seven (7)

Tu**juh** (7)

*[Too-**jooh**]*

Eight (8)

Dela**pan** (8)

*[Də-lá-**pán**]*

Nine (9)

Sembi**lan** (9)

*[Səm-bí-**lán**]*

Ten (10)

Sepu**luh** (10)

*[Sə-poo-**looh**]*

Eleven (11)
Sebe**las** (11)
*[Sə-bə-**lás**]*

Twelve (12)
Dua be**las** (12)
*[**Doo**-á bə-**lás**]*

Twenty (20)
Dua p**uluh** (20)
*[**Doo**-á poo-**looh**]*

Fifty (50)
Lima p**uluh** (50)
*[**Li**-ma poo-**looh**]*

Hundred (100)
Ra**tus** (100)
*[Rá-**toos**]*

Thousand (1000)
Ribu (1000)
*[**Rí**-boo]*

Ten Thousand (10,000)
Sepu**luh Ri**bu (10.000)
*[Sə-poo-**looh rí**-boo]*

One Hundred Thousand (100,000)
Sera**tus Ri**bu (100.000)
*[Sə-rá-**toos rí**-boo]*

Million (1,000,000)
Juta (1.000.000)
*[**Joo**-tá]*

Billion (1,000,000,000)
Miliar (1.000.000.000)
*[**Mil**-lee-ár]*

Ordinal Numbers
Angka Ordi**nal**
*[**Áng**-kaa Òr-dee-**nál**]*

first
perta**ma**
*[pər-tá-**má**]*

second
ke**du**a
*[kə**doo**-á]*

third
ke**ti**ga
*[kə**tee**-gá]*

fourth
keem**pat**
*[kəəm-**pát**]*

fifth
ke**li**ma
*[kə**li**-ma]*

sixth
kee**nam**
*[kəə-**nám**]*

seventh
ketu**juh**
*[kətoo-**jooh**]*

eighth
kedela**pan**
*[kədə-lá-**pán**]*

ninth
kesembi**lan**
*[kəsəm-bí-**lán**]*

tenth
kesepu**luh**
*[kəsə-poo-**looh**]*

eleventh
kesebe**las**
*[kəsə-bə-**lás**]*

twelfth
ke**du**abe**las**
*[kə**doo**-á bə-**lás**]*

thirteenth
ke**ti**gabe**las**
*[kə**tígá**- bə-**lás**]*

twentieth
ke**du**apu**luh**
*[kə-**doo**-á- poo-**looh**]*

twenty-first
ke**du**apu**luh** sa**tu**
*[kə **doo**-á- poo-**looh** sá-**too**]*

hundredth
kesera**tus**
*[kə-sərá**toos**]*

thousandth
kese**ri**bu
*[kə-sə**rí**boo]*

millionth
kese**ju**ta
*[kə-sə**joo**tá]*

billionth
kese**mil**iar
*[kə-sə-**míl**-lee-ár]*

Geometric Shapes
Ben**tuk** Geome**tris**
*[Bən-**took** Ge-o-mɛ-**trees**]*

angle
su**dut**
*[soo-**doot**]*

circle
lingkaran
*[**líng**-ká-raan]*

cone
keru**cut**
*[kə-roo-**choot**]*

cube
kubus
*[**koo**-boos]*

cylinder
silin**der**
*[see-lín-**der**]*

heart
ha**ti**
*[há-**tee**]*

heptagon
heptagon
[hɛp-tá-gòn]

hexagon
heksagon
[hɛk-sá-gòn]

line
ga**ris**
*[gá-**rís**]*

octagon
oktagon
[òk-tá-gòn]

oval
lon**jong**
*[lòn-**dʑòŋ**]*

parallel lines
ga**ris** para**lel**
*[gá-**rís** pá-rá-**lɛl**]*

pentagon
pentagon
*[**pɛn**-tá-gòn]*

perpendicular lines
ga**ris** te**gak lu**rus
*[gá-**rís** tə-**gák loo**-roos]*

polygon
po**li**gon
*[pò-**lee**-gòn]*

pyramid
pirami**da**
*[pee-raa-mí-**dá**]*

rectangle
perse**gi** pan**jang**
*[pər-sə-**gí** pán-**dʑáŋg**]*

rhombus
be**lah** ketu**pat**
*[bə-**láh** kə-**too**-pát]*

square
bu**jur sang**kar
*[boo-**joor sáŋ**-kár]*

star
bintang
*[**been**-táŋg]*

trapezoid
trapesi**um**
*[trá-pe-see-**oom**]*

triangle
segi**ti**ga
*[sə-gí-**tee**-gá]*

vortex
pusaran
*[**poo**-sá-rán]*

Colors
War**na**
*[Waar-**ná**]*

beige
krem
[krɛm]

black
hitam
*[hee-**tám**]*

blue
biru
*[**bee**-roo]*

brown
cokelat
*[**chò**-kə-lát]*

fuchsia
me**rah** keu**ngu**an
*[mɛ-**ráh** kə-oo**ŋgoo**-án]*

gray
a**bu**-a**bu**
*[á-**boo** á-**boo**]*

green
hi**jau**
*[hee-**jaau**]*

indigo
nila
*[**nee**-lá]*

maroon
me**rah** tua
*[mɛ-**ráh** too-**á**]*

navy blue
biru la**ut**
*[**bee**-roo lá-**oot**]*

orange
oranye
*[**ò**-rá-ɲə]*

pink
me**rah mu**da
*[mɛ-**ráh moo**-dá]*

purple
ungu
*[**oo**-ŋgoo]*

red
me**rah**
*[mɛ-**ráh**]*

silver
pe**rak**
*[pɛ-**rák**]*

tan
sawo ma**tang**
[sá-wo má-táŋg]

teal
hi**jau** ke**bi**ruan
[hee-jaau kə-bee-roo-án]

turquoise
biru kehi**jau**an
[bee-roo kə-hee-jaau-án]

violet
lemba**yung**
[ləm-bá-yooŋg]

white
pu**tih**
[poo-teeh]

yellow
ku**ning**
[koo-níng]

Related Verbs

to add
menam**bah**kan
[mə-nám-báh-kán]

to change
mengu**bah**
*[mə-ŋgoo-**báh**]*

to check
meme**rik**sa
*[mə-mə-**rík**-sá]*

to color
mewar**na**i
*[mə-wár-**ná**-í]*

to count
menghi**tung**
*[məŋ-hee-**tooŋ**]*

to divide
memba**gi**
*[məm-bá-**gí**]*

to figure
menghi**tung**
*[məŋ-hee-**tooŋ**]*

to fill
mengi**si**
*[mə-ŋgí-**see**]*

to guess
mene**bak**
*[mə-nə-**bák**]*

to measure
mengu**kur**
*[mə-ŋgoo-**koor**]*

to multiply
menga**li**kan
*[mə-ŋgá-**lee**-kán]*

to subtract
mengu**rang**kan
*[mə-ŋgoo-**ráng**-kán]*

to take
mengam**bil**
*[mə-ŋgám-**bíll**]*

to tell time
me**nya**takan **wak**tu
*[mə-**ɲyá**-tá-kán **wák**-too]*

to verify
menge**sah**kan
*[mə-ŋgə-**sáh**-kán]*

to watch
me**non**ton
*[mə-**nòn**-tòn]*

2) WEATHER
Cuaca
[Choo-á-chá]

air
udara
[oo-dá-rá]

air pollution
polusi udara
[pò-loo-see ú-dá-rá]

atmosphere
atmosfer
[át-mòs-fɛr]

avalanche
longsoran
[long-sòr-án]

barometer
barometer
[bá-rò-mɛ-tər]

barometric pressure
tekanan barometrik
[tə-kán-án bá-rò-mɛ-trík]

blizzard
ba**dai sal**ju
[bá-dái sál-joo]

breeze
an**g**in se**poi**-se**poi**
[áŋ-ín sə-pòí sə-pòí]

climate
i**klim**
[í-kleem]

cloud
a**wan**
[á-wán]

cold
di**ngin**
[dee-ŋgín]

cold front
front di**ngin**
[front dee-ŋgín]

condensation
kondensasi
[kòn-dɛn-sá-see]

cool
se**juk**
*[sə-**jook**]*

cyclone
si**klon**
*[see-**klòn**]*

degree
tingkat
*[**tíŋg**-kaat]*

depression
de**pre**si
*[de-**pre**-see]*

dew
em**bun**
*[əm-**boon**]*

dew point
ti**tik** em**bun**
*[tee-**tíck** əm-**boon**]*

downpour
hu**jan** de**ras**
*[hoo-**ján** də-**raas**]*

drift
a**rus**
[á-roos]

drizzle
ger**imis**
[gə-ree-mís]

drought
kema**rau**
[kə-maa-ráw]

dry
ke**ring**
[kə-ríŋg]

dust devil
de**bu** se**tan**
[də-boo se-taan]

duststorm
ba**dai** de**bu**
[baa-dáy də-boo]

easterly wind
a**ngin** ti**mur**
[a-ŋgín tee-moor]

evaporation
pe**ngu**apan
*[pə-**ŋgoo**-áp-án]*

eye of the storm
ma**ta** ba**dai**
*[maa-**ta** baa-**dáy**]*

fair
te**rang**
*[tə-**ráŋg**]*

fall
mu**sim** gu**gur**
*[moo-**seem** goo-**goor**]*

flash flood
ban**jir** ban**dang**
*[baan-**jír** bán-**daaŋg**]*

flood
ban**jir**
*[baan-**jír**]*

flood stage
ke**ting**gian ban**jir**
*[kə-**tíŋg**-gee-án baan-**jír**]*

flurries (snow)
hujan sal**ju ti**ba-**ti**ba
[hoo-dʑan sal-dʑoo tee-ba tee-ba]

fog
ka**but**
*[kaa-**boot**]*

forecast
rama**lan cu**aca
*[rá-mál-**án choo**-á-chaa]*

freeze
be**ku**
*[bə-**koo**]*

freezing rain
hu**jan** yang membe**ku**kan
*[hoo-**ján** yáŋ məm-bə-**koo**-kán]*

front (cold/hot)
front (dingin/panas)
[front (dee-ŋgín/paa-nás)]

frost
em**bun** be**ku**
*[əm-**boon** bə-**koo**]*

funnel cloud
awan corong
[á-wán chò-ròŋg]

global warming
pemanasan global
[pə-maa-nás-án glo-baal]

gust of wind
tiupan angin
[tee-yoop-án aa-ŋgín]

hail
hujan es
[hoo-ján ɛs]

haze
kabut tipis
[kaa-boot tee-pees]

heat
panas
[paa-nás]

heat index
indeks panas
[in-dɛx paa-nás]

heat wave
gelom**bang** pa**nas**
*[gə-lòm-**baaŋg** paa-**nás**]*

high
tinggi
*[**tíŋg**-gí]*

humid
lem**bap**
*[ləm-**baap**]*

humidity
ke**lem**bapan
*[kə-**ləm**-baap-án]*

hurricane
a**ngin to**pan
*[a-**ŋgin to**-pan]*

ice
es
[ɛs]

ice crystals
kristal **es**
*[**kris**-taal ɛs]*

ice storm
ba**dai** es
*[baa-**dáy** ɛs]*

icicle
tetesan a**i**r be**ku**
*[tɛ-tɛs-án ayr bə-**koo**]*

jet stream
ali**ran** uda**ra** ken**cang**
*[a-lee-**ran** oo-da-ra kən- t∫**aŋg**]*

landfall
penda**rat**an
*[pən-daa-**rát**-án]*

lightning
pe**tir**
*[pə-**tír**]*

low
rendah
[rən-daah]

low pressure system
sistem te**kan**an ren**dah**
*[**sees**-təm tə-**kán**-án rən-**daah**]*

meteorologist
me**te**orologis
[me**te**oro-lò-gís]

meteorology
me**te**orologi
[me**te**oro-lò-gí]

microburst
sem**bu**ran **mi**kro
[səm-**boo**-ran **mee**-kro]

mist
ka**but**
[kaa-**boot**]

moisture
ke**lem**bapan
[kə-**ləm**-baap-án]

monsoon
mon**sun**
[mon-**soon**]

muggy
lembap
[**ləm**-baap]

nor'easter
angin ti**mur** la**ut**
[a-ŋgín tee-moor laa-oot]

normal
nor**mal**
[nòr-maal]

outlook
gambaran
[gaam-bár-án]

overcast
men**dung**
[mən-dooŋg]

ozone
o**zon**
[ò-zòn]

partly cloudy
sebagian bera**wan**
[sə-baa-gí-án bər-aa-wán]

polar
ku**tub**
[koo-toob]

pollutant
polutan
*[**pò**-loo-**tán**]*

precipitation
presipitasi
*[**pre**-see-pee-**tá**-see]*

pressure
te**kan**an
*[tə-**kán**-án]*

radar
ra**dar**
*[raa-**dár**]*

radiation
radia**si**
*[**rá**-dee-aa-**see**]*

rain
hu**jan**
*[hoo-**ján**]*

rainbow
pela**ngi**
*[pə-laa-**ŋgí**]*

rain gauge
pengukur curah hujan
[pə-ŋgoo-koor choo-ráh hoo-ján]

relative humidity
kelembapan relatif
[kə-ləm-baap-án re-laa-tíf]

sandstorm
badai pasir
[baa-dáy paa-sír]

season
musim
[moo-sím]

shower
hujan lebat
[hoo-ján lə-baat]

sky
langit
[laa-ŋgít]

sleet
hujan es
[hoo-ján ɛs]

slush
lumpur sal**ju**
*[**loom**-poor saal-**joo**]*

smog
ka**but** a**sap**
*[kaa-**boot** a-**sáp**]*

smoke
a**sap**
*[a-**sáp**]*

snow
sal**ju**
*[saal-**joo**]*

snowfall
hu**jan** sal**ju**
*[hoo-**ján** saal-**joo**]*

snowflake
ke**ping**an sal**ju**
*[kə-**píŋ**-án saal-**joo**]*

snow flurry
hu**jan** sal**ju**
*[hoo-**ján** saal-**joo**]*

snow shower
hu**jan** sal**ju**
*[hoo-**ján** saal-**joo**]*

snowstorm
ba**dai** sal**ju**
*[baa-**dáy** saal-**joo**]*

spring
mu**sim** se**mi**
*[moo-**sím** sə-**mí**]*

storm
ba**dai**
*[baa-**dáy**]*

storm surge
gelom**bang** ba**dai**
*[gə-lòm-**baaŋg** baa-**dáy**]*

stratosphere
stra**tos**fer
*[stra-**tòs**-fɛr]*

summer
mu**sim** pa**nas**
*[moo-**sím** paa-**nás**]*

sunrise
ma**ta**hari **ter**bit
[mataharee tər-beet]

sunset
ma**ta**hari **ter**benam
[mataharee tər-bə-naam]

supercell
ba**da**i pe**tir**
*[baa-**dáy** pə-**tír**]*

surge
gelom**bang**
*[gə--lòm-**baaŋ**]*

swell
gelom**bang** be**sar**
*[gə--lòm-**baaŋ** bə-**saar**]*

temperature
temperatur
*[**tem**-pə-raa-toor]*

thaw
me**le**leh
*[mə-**lɛ**-lɛh]*

thermal
ter mal
[tər-maal]

thermometer
termo**me**ter
*[ter-mo-**mɛ**-tər]*

thunder
gun**tur**
*[goon-**toor**]*

thunderstorm
ba**dai** gun**tur**
*[baa-**dáy** goon-**toor**]*

tornado
tornado
*[**tor**-ná-do]*

trace
je**jak**
*[jə-**ják**]*

tropical
tropis
*[**trò**-pís]*

tropical depression
de**pre**si **tro**pis
[depre-see trò-pís]

tropical storm
ba**dai tro**pis
[baa-dáy trò-pís]

turbulence
turbu**len**si
[toor-boo-lɛn-see]

twister
a**ngin** pu**yuh**
[á-ŋgín poo-yooh]

typhún
tai**fun**
[táy-foon]

unstable
ti**dak** sta**bil**
[tee-dák stá-bill]

visibility
ja**rak** pan**dang**
[jaa-rák pán-daaŋg]

vortex
pusaran
[***poo**-sá-rán*]

---

warm
ha**ngat**
[*haa-**ŋgát**]*

---

warning
peri**ngat**an
[*pə-rí-**ŋgát**-án*]

---

watch
jam tangan
[***jaam*** *taa-ŋgán*]

---

weather
cuaca
[***choo**-á-chaa*]

---

weather pattern
pola **cu**aca
[***pò**-laa **choo**-á-chaa*]

---

weather report
la**por**an **cu**aca
[*lá-**pò**-raan **choo**-á-chaa*]

weather satellite
satelit cuaca
[sá-te-lít choo-á-chaa]

westerly wind
angin barat
[á-ŋgín baa-rát]

whirlwind
angin puting beliung
[á-ŋgín poo-tíŋg bə-lee-ooŋg]

wind
angin
[á-ŋgín]

wind chill
angin dingin
[á-ŋgín dee-ŋgín]

winter
musim dingin
[moo-sím dee-ŋgín]

Related Verbs

to blow
bertiup
[bər-tee-oop]

to clear up
te**rang**
*[tə-**ráng**]*

to cool down
mere**da**
*[mə-rə-**dá**]*

to drizzle
tu**run** geri**mis**
*[too-**roon** gə-ree-**mís**]*

to feel
mera**sa**
*[mə-rá-**sá**]*

to forecast
mera**mal** cua**ca**
*[mə-rá-**mál** choo-á-**chá**]*

to hail
tu**run** hu**jan es**
*[[too-**roon** hoo-**ján** ɛs]*

to rain
tu**run** hu**jan**
*[too-**roon** hoo-**ján**]*

to report
mela**por**kan
*[mə-lá-**pòr**-kán]*

to shine
menyina**ri**
*[mə-ɲyí-ná-**ree**]*

to snow
tur**un sal**ju
*[too-**roon sál**-joo]*

to storm
ba**dai**
*[bá-**dáy**]*

to warm up
mengha**ngat**kan
*[məŋ-há-**ŋgát**-kán]*

to watch
menga**wa**si
*[mə-ŋá-**wá**-see]*

3) PEOPLE
Orang
[Ò-ráŋg]

athlete
at**let**
[át-lɛt]

baby
ba**yi**
[bá-yee]

boy
a**nak** laki-laki
[á-nák lá-kí lá-kí]

boyfriend
te**man** laki-laki
[tə-mán laa-kí-laa-kí]

brother
sauda**ra** la**ki**-la**ki**
[sáu-daa-rá laa-kí-laa-kí]

brother-in-law
sauda**ra** i**par** la**ki**-la**ki**
[sáu-daa-rá í-pár laa-kí-laa-kí]

businessman
pe**bis**nis
*[pə-**bís**-nís]*

candidate
kandi**dat**
*[kán-dee-**dát**]*

child/children
a**nak**/a**nak**-a**nak**
*[á-**nák**/á-**nák**-á-**nák**]*

coach
pela**tih**
*[pə-laa-**tíh**]*

cousin
se**pu**pu
*[sə-**pú**-pú]*

customer
pe**lang**gan
*[pə-**láng**-gán]*

daughter
a**nak** pe**rem**puan
*[á-**nák** pə-**rəm**-pú-án]*

daughter-in-law
menantu perempuan
[mə-naan-tú pə-rəm-pú-án]

driver
supir
[sú-pír]

family
keluarga
[kə-lú-ár-gá]

farmer
petani
[pə-taa-ní]

father/dad
ayah/bapak
[aa-yáh/baa-pák]

father-in-law
ayah mertua
[aa-yáh mər-tú-á]

female
perempuan
[pə-rəm-pú-án]

friend
te**man**
*[tə-**mán**]*

girl
a**nak** pe**rem**puan
*[á-**nák** pə-**rəm**-pú-án]*

girlfriend
te**man** pe**rem**puan
*[tə-**mán** pə-**rəm**-pú-án]*

godparents
o**rang** tua **bap**tis
*[o-**ráng** tú-á **báp**-tís]*

grandchildren
cucu
*[**chú**-chú]*

granddaughter
cucu pe**rem**puan
*[**chú**-chú pə-**rəm**-pú-án]*

grandfather
ka**kek**
*[kaa-**kɛk**]*

grandmother
ne**nek**
*[nɛ-**nɛk**]*

grandparents
ka**kek**-ne**nek**
*[kaa-**kɛk**-nɛ-**nɛk**]*

grandson
cucu la**ki**-la**ki**
*[**chú**-chú laa-**kí**-laa-**kí**]*

husband
sua**mi**
*[sú-á-**mí**]*

instructor
in**struk**tur
*[in-**strúk**-túr]*

kid
a**nak** ke**cil**
*[aa-**nák** kə-**chíl**]*

king
ra**ja**
*[raa-**já**]*

male
la**ki**-la**ki**
*[laa-**kí**-laa-**kí**]*

man
pria
*[**prí**-á]*

mother/mom
i**bu**
*[i-**bú**]*

mother-in-law
i**bu mer**tua
*[i-**bú mər**-tú-á]*

nephew
ke**po**nakan la**ki**-la**ki**
*[kə-**po**-ná-kán laa-**kí**-laa-**kí**]*

niece
ke**po**nakan pe**rem**puan
*[kə-**po**-ná-kán pə-**rəm**-pú-án]*

parent
o**rang tu**a
*[o-**ráng** tú-á]*

people
orang-**o**rang
*[o-**ráng**-o-**ráng**]*

princess
pu**tri**
*[pú-**trí**]*

queen
ra**tu**
*[raa-**tú**]*

rock star
bin**tang rock**
*[bín-**táng rock**]*

sister
saudara pe**rem**puan
*[**sáu**-daa-rá pə-**rəm**-pú-án]*

sister-in-law
saudara i**par** pe**rem**puan
*[**sáu**-daa-rá i-**pár** pə-**rəm**-pú-án]*

son
a**nak** la**ki**-la**ki**
*[á-**nák** laa-**kí**-laa-**kí**]*

son-in-law
me**nan**tu la**ki**-la**ki**
*[mə-**naan**-tú laa-**kí**-laa-**kí**]*

student
siswa
*[**sís**-waa]*

teenager
rema**ja**
*[rə-maa-**já**]*

tourist
tu**ris**
*[tú-**rís**]*

wife
is**tri**
*[is-**tree**]*

woman
wani**ta**
*[waa-ní-**tá**]*

youth
pemu**da**
*[pə-mú-**daa**]*

Characteristics
Karakteristik
*[Kaa-**rák**-tə-rís-tík]*

attractive
a**trak**tif
*[á-**trák**-tíf]*

bald
bo**tak**
*[bo-**ták**]*

beard
jenggot
*[**jeng**-gòt]*

beautiful
cantik
*[**chán**-tík]*

black hair
rambut hi**tam**
*[**rám**-bút hí-**taam**]*

blind
bu**ta**
*[bú-**tá**]*

blond
pi**rang**
[pí-ráŋg]

blue eyes
ma**ta bi**ru
[maa-tá bí-rú]

brown eyes
ma**ta co**kelat
[maa-tá co-kə-laat]

brown hair
rambut **co**kelat
[raam-bút co-kə-laat]

brunette
si **ram**but **co**kelat
[si raam-bút co-kə- laat]

curly hair
rambut i**kal**
[rám-bút í-kaal]

dark
ge**lap**
[gə-laap]

deaf
tu**li**
*[tú-**lí**]*

divorced
berce**rai**
*[bər-chə-**rái**]*

elderly
tua
*[**tú**-á]*

fair (skin)
langsat (kulit)
*[**láng**-sát]*

fat
ge**muk**
*[gə-**mook**]*

gray hair
u**ban**
*[ú-**baan**]*

green eyes
ma**ta** hi**jau**
*[maa-**tá** hí-**jáw**]*

handsome
tam**pan**
*[taam-**pán**]*

hazel eyes
mata **co**kelat mu**da**
*[maa-tá **co**-klaat mu-**daa**]*

heavyset
bertu**buh** be**sar**
*[bər-tú-**búh** bə-**saar**]*

light brown
cokelat mu**da**
*[**co**-kə-laat mú-**daa**]*

long hair
rambut pan**jang**
*[**raam**-bút paan-**jáng**]*

married
meni**kah**
*[mə-ní-**káh**]*

mustache
ku**mis**
*[kú-**mís**]*

old
tua
*[**tú**-á]*

olive
zai**tun**
*[zaa-í-**tún**]*

overweight
ke**le**bihan be**rat**
*[kə-**lə**-bíh-án bə-**rát**]*

pale
pu**cat**
*[pú-**chát**]*

petite
mu**ngil**
*[moo-**ngíl**]*

plump
montok
*[**mòn**-tòk]*

pregnant
ha**mil**
*[haa-**míl**]*

red head
rambut me**rah**
*[**raam**-bút me-**ráh**]*

short
pe**ndek**
*[pɛn-**dɛk**]*

short hair
rambut pe**ndek**
*[**raam**-bút pɛn-**dɛk**]*

skinny
ku**rus**
*[kú-**rús**]*

slim
ram**ping**
*[raam-**píng**]*

stocky
ke**kar**
*[kə-**kár**]*

straight hair
rambut lu**rus**
*[**raam**-bút lú-**rús**]*

tall
tinggi
[tíŋg-gí]

tanned
ku**lit** sa**wo** ma**tang**
[kú-lít saa-wo maa-táŋg]

thin
ku**rus**
[kú-rús]

wavy hair
rambut berge**lom**bang
[raam-bút bər-gə-lòm-báŋg]

well built
bertu**buh** te**gap**
[bər-tú-búh tə-gáp]

white
pu**tih**
[pú-tíh]

young
mu**da**
[mú-daa]

Stages of Life
Tahap Kehidupan
*[Taa-**háp** Kə-hí-dú-**pán**]*

adolescence
ma**sa** rema**ja**
*[maa-**sá** rə-maa-**já**]*

adult
ma**sa** **de**wasa
*[maa-**sá** **de**-waa-sá]*

anniversary
u**lang** ta**hun** per**ni**kahan
*[ú-**láng** taa-**hún** pər-**ní**-ká-hán]*

birth
ke**la**hiran
*[kə-**laa**-hí-rán]*

death
ke**ma**tian
*[kə-**maa**-tí-án]*

divorce
per**ce**raian
*[pər-**chə**-rái-án]*

elderly
ma**sa tu**a
[maa-sá tú-á]

graduation
kelu**lus**an
[kə-lú-lús-án]

infant
ma**sa** ba**yi**
[maa-sá baa-yí]

marriage
per**ni**kahan
[pər-ní-ká-hán]

middle aged
pa**ruh b**aya
[pá-rúh baa-yá]

newborn
ba**yi** ba**ru** la**hir**
[baa-yí bá-rú laa-hír]

preschooler
a**nak pra** seko**lah**
[aa-nák pra-sə-ko-laah]

preteen
ana**k pra** rema**ja**
*[aa-**nák pra** rə-maa-**já**]*

senior citizen
warga nega**ra** seni**or**
*[**wár**-gaa nə-**gá**-**rá** sɛ-**ní**-**or**]*

teenager
rema**ja**
*[rə-maa-**já**]*

toddler
bali**ta**
*[baa-lí-**tá**]*

tween
rema**ja** ak**hir**
*[rə-maa-**já** ák-**hír**]*

young adult
dewasa mu**da**
*[**de**-waa-sá mú-**daa**]*

youth
pemu**da**
*[pə-mú-**daa**]*

Religion
Aga**ma**
*[Á-gá-**má**]*

AtheistAgnostic
Ate**is**Ag**nos**tik
*[Á-te-**ís** Ág-**nòs**-tík]*

Baha'i
Ba**ha**'i
*[Bá-**há**-'i]*

Buddhist
Bu**dha**
*[Boo-**dhá**]*

Christian
Kristen
*[**Kris**-tən]*

Hindu
Hindu
*[**Hín**-doo]*

Jewish
Yahu**di**
*[Yaa-hoo-**dee**]*

Muslim
Islam
[Is-*laam*]

Sikh
Sikh
[*Sikh*]

Work
Pe**ker**jaan
[Pə-**kər**-jaa-án]

accountant
a**kun**tan
[á-**kún**-tán]

actor
ak**tor**
[ák-**tòr**]

associate
re**kan**an
[rə-**kán**-án]

astronaut
astro**not**
[ás-trò-**nòt**]

banker
bankir
[**báŋ**-kír]

butcher
tu**kang** da**ging**
[tú-**káŋg** daa-**gíŋg**]

carpenter
tu**kang** ka**yu**
[tú-**káŋg** kaa-**yú**]

chef
juru ma**sak**
[jú-rú maa-**sák**]

clerk
juru tu**lis**
[jú-rú tú-**lís**]

composer
komposer
[**kom**-po-sər]

custodian
pen**ja**ga
[pən-**jaa**-gá]

dentist
dokter gi**gi**
*[**dok**-tər gí-**gí**]*

doctor
dokter
*[**dok**-tər]*

electrician
tu**kang** lis**trik**
*[tú-**káŋg** lís-**trík**]*

executive
eksekutif
*[**ɛk**-sə-kú-tíf]*

farmer
peta**ni**
*[pə-tá-**ní**]*

fireman
pema**dam** keba**kar**an
*[pə-maa-**dám** kə-bá-**kár**-án]*

handyman
tu**kang**
*[tú-**káŋg**]*

judge
ha**kim**
*[haa-**kím**]*

landscaper
ahli lan**skap**
*[**áh**-lí lán-**skáp**]*

lawyer
penga**ca**ra
*[pə-ŋgá-**chá**-rá]*

librarian
pustakawan
*[**pús**-tá-kaa-wán]*

manager
mana**jer**
*[mɛ-nɛ-**jər**]*

model
mo**del**
*[mò-**dɛl**]*

notary
nota**ris**
*[no-taa-**rís**]*

nurse
pera**wat**
*[pə-raa-**wát**]*

optician
ahli **op**tik
*[**áh**-lí **op**-tík]*

pharmacist
apote**ker**
*[á-po-tɛ-**kər**]*

pilot
pi**lot**
*[pí-**lòt**]*

policeman
polisi
*[**po**-lí-sí]*

preacher
pen**de**ta
*[pən-**dɛ**-taa]*

president
presi**den**
*[pre-sí-**dɛn**]*

representative
repre**sen**tatif
*[re-pre-**sen**-taa-tíf]*

scientist
ilmu**wan**
*[íl-mú-**wán**]*

secretary
sekreta**ris**
*[se-krə-tá-**rís**]*

singer
penya**nyi**
*[pə-ɲyá-**ɲyí**]*

soldier
praju**rit**
*[pra-jú-**rít**]*

teacher
guru
*[**gú**-rú]*

technician
teknisi
*[**tɛk**-ní-sí]*

treasurer
bendaha**ra**
*[bən-daa-há-**rá**]*

writer
penu**lis**
*[pə-nú-**lís**]*

zoologist
ahli he**wan**
*[**áh**-lí he-**wán**]*

Related Verbs

to deliver
mengi**rim**kan
*[mə-ŋgí-**reem**-kán]*

to enjoy
me**nik**mati
*[mə-**ník**-má-tee]*

to grow
mena**nam**
*[mə-ná-**nám**]*

to laugh
terta**wa**
*[tər-tá-**wá**]*

to love
men**cin**tai
*[mən-**chin**-tá-i]*

to make
membu**at**
*[məm-boo-**át**]*

to manage
menge**lo**la
*[mə-ŋə-**lo**-laa]*

to repair
memperbai**ki**
*[məm-pər-bá-i-**kí**]*

to serve
mela**ya**ni
*[mə-lá-**yá**-ní]*

to sing
menya**nyi**
*[mə-ɲyá-**ɲyí**]*

to smile
terse**nyum**
*[tər-sə-**ɲoom**]*

to talk
ber**bica**ra
*[bər-bee-**chá**-rá]*

to think
ber**pi**kir
*[bər-**pee**-keer]*

to work
be**ker**ja
*[bə-**kər**-jaa]*

to work at
be**ker**ja **di**
*[bə-**kər**-jaa **dee**]*

to work for
be**ker**ja **un**tuk
*[bə-**kər**-jaa **ún**-took]*

to work on
me**nger**jakan
*[mə-**ŋgər**-já-kán]*

to worship
me**mu**ja
*[mə-**moo**-jaa]*

to write

menulis

*[mə-**noo**-lís]*

4) PARTS OF THE BODY
Bagian-bagian Tubuh
[Baa-gí-án-baa-gí-án Tú-búh]

ankle
pergela**ngan** ka**ki**
*[pər-gə-laa-**ŋán** kaa-**kí**]*

arm
le**ngan**
*[lə-**ngán**]*

back
pung**gung**
*[púng-**gúng**]*

beard
jenggot
*[**jɛng**-gòt]*

belly
perut
*[**pə**-rút]*

blood
da**rah**
*[daa-**ráh**]*

body
tu**buh**
*[tú-**búh**]*

bone
tu**lang**
*[tú-**láng**]*

brain
o**tak**
*[ò-**ták**]*

breast
da**da**
*[daa-**dá**]*

buttocks
pan**tat**
*[pán-**tát**]*

calf
be**tis**
*[bə-**tís**]*

cheek
pi**pi**
*[pí-**pí**]*

chest
da**da**
*[daa-**dá**]*

chin
da**gu**
*[daa-**gú**]*

ear
teli**nga**
*[tə-lí-**ngá**]*

elbow
siku
*[**sí**-kú]*

eye
ma**ta**
*[maa-**tá**]*

eyebrow
a**lis**
*[á-**lís**]*

eyelash
bulu ma**ta**
*[bú-lú maa-**tá**]*

face
wa**jah**
*[waa-**jáh**]*

finger
ja**ri**
*[jaa-**rí**]*

finger nail
ku**ku** ja**ri**
*[**kú**-**kú** jaa-**rí**]*

fist
kepalan
*[**kə**-paa-lán]*

flesh
da**ging**
*[daa-**gíng**]*

foot/feet
ka**ki**
*[kaa-**kí**]*

forearm
le**ngan** a**tas**
*[lə-**ngán** aa-**tás**]*

forehead
dahi
*[**dá**-hí]*

hair
rambut
*[**raam**-bút]*

hand
ta**ngan**
*[taa-**ngán**]*

head
kepa**la**
*[kə-paa-**lá**]*

heart
jan**tung**
*[ján-**túng**]*

heel
tu**mit**
*[tú-**mít**]*

hip
ping**gang**
*[píng-**gáng**]*

jaw
ra**hang**
[rá-háng]

knee
lu**tut**
[lú-tút]

leg
ka**ki**
[kaa-ki]

lips
bi**bir**
[bí-bír]

moustache
ku**mis**
[kú-mís]

mouth
mu**lut**
[mú-lút]

muscle
o**tot**
[o-tòt]

nail
ku**ku**
*[kú-**kú**]*

neck
le**her**
*[le-**her**]*

nose
hi**dung**
*[hí-**dúng**]*

nostril
lu**bang** hi**dung**
*[lú-**báng** hí-**dúng**]*

palm
tela**pak** ta**ngan**
*[tə-laa-**pák** taa-**ngán**]*

shin
tu**lang** ke**ring**
*[tú-**láng** kə-**ríŋg**]*

shoulder
bahu
*[**baa**-hú]*

skin
ku**lit**
*[kú-**lít**]*

spine
tu**lang** bela**kang**
*[tú-**láng** bə-laa-**káng**]*

stomach
perut
*[**pə**-rút]*

teeth/tooth
gi**gi**
*[gí-**gí**]*

thigh
pa**ha**
*[paa-**ha**]*

throat
tenggorokan
*[**təng**-go-rò-kán]*

thumb
i**bu** ja**ri**
*[i-**bú** jaa-**rí**]*

toe
jari kaki
[jaa-rí kaa-kí]

toenail
kuku kaki
[kú-kú kaa-kí]

tongue
lidah
[lí-dáh]

underarm
ketiak
[kə-tí-ák]

waist
pinggang
[píng-gáng]

wrist
pergelangan tangan
[pər-gə-láŋ-án taa-ŋán]

Related Verbs

to exercise
olahraga
[ò-láh-rá-gá]

to feel
me**ra**sa
[mə-**rá**-sá]

to hear
mende**ngar**
[mən-də-**ŋgár**]

to see
meli**hat**
[mə-lee-**hát**]

to smell
men**ci**um
[mən-**chí**-oom]

to taste
menci**ci**pi
[mən-chí-chí-**pí**]

to touch
menyen**tuh**
[mə-ɲən-**tooh**]

5) ANIMALS
Hewan
[He-wán]

alligator
bua**ya**
*[bú-á-**yá**]*

anteater
tenggiling
*[**təŋg**-gí-líŋ]*

antelope
ki**jang**
*[kí-**jáŋg**]*

ape
kera
*[**kə**-rá]*

armadillo
armadillo
*[**ár**-maa-díl-lo]*

baboon
ba**bon**
*[bá-**bòn**]*

bat
kelela**war**
*[kə-lə-lá-**wár**]*

bear
beru**ang**
*[bə-rú-**áŋ**]*

beaver
be**rang**-be**rang**
*[bə-**ráŋ** bə-**ráŋ**]*

bison
bi**son**
*[bee-**sòn**]*

bobcat
ku**cing** hu**tan**
*[kú-**chíŋ** hú-**tán**]*

camel
unta
*[**ún**-tá]*

caribou
kari**bu**
*[ká-rí-**bú**]*

cat
kucing
[kú-chíŋg]

chameleon
bung**lon**
[búŋg-lòn]

cheetah
chee**tah**
[cheetah]

chipmunk
ba**jing** ta**nah**
[baa-dʑeeŋ taa-náh]

cougar
si**nga** gu**nung**
[sí-ŋgá gú-núŋg]

cow
sa**pi**
[sá-pí]

coyote
an**jing** hu**tan**
[án-jíŋg hú-tán]

crocodile
buaya
[bú-á-yá]

deer
rusa
[rú-saa]

dinosaur
dinosaurus
[dí-no-sá-ú-rús]

dog
anjing
[án-jíŋg]

donkey
keledai
[kə-lə-dái]

elephant
gajah
[gaa-jáh]

emu
burung besar
[bú-rúŋg bə-sár]

ferret
musang
[mú-sáŋg]

fox
rubah
[rú-báh]

frog
katak
[kaa-ták]

gerbil
tikus gerbil
[tí-kús gər-bíl]

giraffe
jerapah
[jə-raa-páh]

goat
kambing
[kám-bíŋg]

gorilla
gorila
[gò-rí-lá]

groundhog
mar**mot** ta**nah**
*[maar-**mòt** taa-**náh**]*

guinea pig
mar**mot**
*[maar-**mòt**]*

hamster
ham**ster**
*[hám-**stər**]*

hedgehog
lan**dak**
*[laan-**dák**]*

hippopotamus
ku**da nil**
*[kú-**dá níl**]*

horse
ku**da**
*[kú-**dá**]*

iguana
igua**na**
*[í-gú-á-**ná**]*

kangaroo
kangguru
*[**káŋg**-gú-rú]*

lemur
le**mur**
*[lə-**múr**]*

leopard
ma**can** tu**tul**
*[maa-**chán** tú-**túl**]*

lion
si**nga**
*[sí-**ŋgá**]*

lizard
ka**dal**
*[kaa-**dál**]*

llama
lla**ma**
*[llaa-**má**]*

meerkat
meer**kat**
*[meer-**kat**]*

mouse/mice
ti**kus**
*[tí-**kús**]*

mole
mol
*[**mol**]*

monkey
mo**nyet**
*[mo-**ɲyet**]*

moose
ru**sa** be**sar**
*[rú-**sá** bə-**sár**]*

mouse
ti**kus**
*[tí-**kús**]*

otter
be**rang**-be**rang**
*[bə-**ráŋg** bə-**ráŋg**]*

panda
panda
*[**paan**-dá]*

panther
hari**mau** kum**bang**
*[haa-rí-**máu** kúm-**báŋg**]*

pig
ba**bi**
*[baa-**bí**]*

platypus
plati**pus**
*[plá-tí-**pús**]*

polar bear
beru**ang** ku**tub**
*[bə-rú-**áŋg** kú-**túb**]*

porcupine
lan**dak**
*[laan-**dák**]*

rabbit
kelin**ci**
*[kə-lín-**chí**]*

raccoon
ra**kun**
*[rá-**kún**]*

rat
ti**kus**
*[tí-**kús**]*

rhinoceros
ba**dak**
*[baa-**dák**]*

sheep
domba
*[**dom**-baa]*

skunk
si**gung**
*[sí-**gúŋg**]*

sloth
kung**kang**
*[kúŋg-**káŋg**]*

snake
u**lar**
*[ú-**laar**]*

squirrel
tu**pai**
*[tú-**pái**]*

tiger
hari**mau**
*[haa-rí-**máu**]*

toad
ka**tak**
*[kaa-**ták**]*

turtle
ku**ra**-ku**ra**
*[kú-**rá** kú-**rá**]*

walrus
beru**ang** la**ut**
*[bə-rú-**áŋg** laa-**út**]*

warthog
ba**bi** li**ar**
*[baa-**bí** lí-**ár**]*

weasel
mu**sang**
*[mú-**sáŋg**]*

wolf
seriga**la**
*[sə-rí-gá-**lá**]*

zebra
zebra
[zeb-rá]

Birds
Bu**rung**-bu**rung**
*[Boo-**roong**-boo-**roong**]*

canary
bu**rung** kena**ri**
*[boo-**roong** kə-ná-**ree**]*

chicken
a**yam**
*[á-**yaam**]*

crow
ga**gak**
*[gá-**gaack**]*

dove
bu**rung** merpa**ti**
*[boo-**roong** mər-pá-**tee**]*

duck
be**bek**
*[bɛ-**bɛck**]*

eagle
elang
[ə-láng]

falcon
elang falcon
[ə-láng fál-kòn]

flamingo
burung bangau
[boo-roong bá-ŋgao]

goose
angsa
[áŋg-sá]

hawk
burung rajawali
[boo-roong rá-já-wá-lee]

hummingbird
burung kolibri
[boo-roong kò-lee-bree]

ostrich
burung unta
[boo-roong ún-tá]

owl
bur**ung han**tu
*[boo-**roong hán**-too]*

parrot
bur**ung be**o
*[boo-**roong be**-yo]*

peacock
bur**ung** me**rak**
*[boo-**roong** mə-**rák**]*

pelican
peli**kan**
*[pe-lee-**kán**]*

pheasant
bur**ung** ku**au**
*[boo-**roong** koo-**aw**]*

pigeon
bur**ung** da**ra**
*[boo-**roong** da-**raa**]*

robin
bur**ung** ro**bin**
*[boo-**roong** rò-**been**]*

rooster
ayam ja**go**
[á-yaam já-go]

sparrow
bu**rung** pi**pit**
[boo-roong pee-peet]

swan
angsa
[áŋg-sá]

turkey
kal**kun**
[kál-koon]

Water/Ocean/Beach
Perairan/Laut/Pantai
[Pər-áyrán/Laa-oot/Pán-táy]

bass
i**kan bass**
[í-kán bás]

catfish
i**kan** le**le**
[í-kán lele]

clam
kerang
[kə-ráŋg]

crab
kepi**ting**
[kə-pee-tíŋg]

goldfish
i**kan mas**
[í-kán más]

jellyfish
u**bur**-u**bur**
*[oo-**boor**-oo-**boor**]*

lobster
lobster
[lòb-stər]

mussel
re**mis**
[rə-mís]

oyster
tiram
*[**tee**-rám]*

salmon
i**kan** sal**mon**
*[í-**kán** sál-**mòn**]*

shark
i**kan hi**u
*[í-**kán hee**-oo]*

trout
i**kan** air **ta**war
*[í-**kán** áyr tá-wár]*

tuna
i**kan tu**na
*[í-**kán too**-na]*

whale
i**kan** pa**us**
*[í-**kán** pá-**oos**]*

Insects
Serangga
*[Sə-**ráng**-gá]*

ant
se**mut**
*[sə-**moot**]*

bee
le**bah**
*[lə-**báh**]*

beetle
kum**bang**
*[koom-**baang**]*

butterfly
ku**pu**-ku**pu**
*[koo-**poo** koo-**poo**]*

cockroach
ke**co**a
*[kə-**chò**-wá]*

dragonfly
ca**pung**
*[chá-**poong**]*

earthworm
ca**cing** ta**nah**
*[chá-**chíŋg** tá-**náh**]*

flea
ku**tu**
*[koo-**too**]*

fly
la**lat**
*[lá-**laat**]*

gnat
a**gas**
*[a-**gaas**]*

grasshopper
bela**lang**
*[bə-lá-**láŋg**]*

ladybug
kum**bang** ke**cil**
*[koom-**báŋg** kə-**chíl**]*

moth
nge**ngat**
*[ŋgə-**ŋgát**]*

mosquito
nya**muk**
*[ɲyá-**mook**]*

spider
la**ba**-la**ba**
*[lá-**baa** lá-**baa**]*

wasp
ta**won**
*[tá-**wòn**]*

Related Verbs

to eat
ma**kan**
*[má-**kán**]*

to bark
meng**gong**gong
*[məŋ-**gòŋg**-gòŋg]*

to chase
menge**jar**
*[mə-ŋgə-**jár**]*

to feed
memberi ma**kan**
*[məm-bə-rí má-**kán**]*

to hibernate
berhiberna**si**
*[bər-hí-bər-ná-**see**]*

to hunt
ber**bu**ru
*[bər-**boo**-roo]*

to move
berge**rak**
*[bər-gə-**rák**]*

to perch
ber**teng**ger
*[bər-**tɛŋg**-gɛr]*

to prey
memang**sa**
*[mə-máŋg-**sá**]*

to run
ber**la**ri
*[bər-**lá**-ree]*

to swim
bere**nang**
*[bər-rə-**náŋg**]*

to wag
mengi**bas**kan
*[mə-ŋgí-**bás**-kán]*

to walk
berja**lan**
*[bər-já-**lán**]*

6) PLANTS AND TREES
Tana**man** dan Po**hon**
*[Taa-ná-**mán** dán Pò-**hòn**]*

acacia
a**ka**sia
*[á-**ká**-sí-á]*

acorn
po**hon** ek
*[pò-**hòn** ɛk]*

annual
ta**hun**an
*[taa-**hún**-án]*

apple tree
po**hon** apel
*[pò-**hòn** á-**pəl**]*

bamboo
bam**bu**
*[baam-**boo**]*

bark
ku**lit** po**hon**
*[kú-**lít** pò-**hòn**]*

bean
ka**cang**
*[kaa-**cháŋ**]*

berry
be**ri**
*[be-**rí**]*

birch
po**hon birch**
*[pò-**hòn birch**]*

blossom
me**kar**
[mə-kaar]

branch
ca**bang**
*[chaa-**báŋ**]*

brush
se**mak rim**bun
*[sə-**mák rím**-bún]*

bud
tu**nas**
*[tú-**nás**]*

bulb
um**bi**
*[oom-**bee**]*

bush
se**mak**
*[sə-**mák**]*

cabbage
ku**bis**
*[kú-**bís**]*

cactus
kak**tus**
*[kák-**tús**]*

carnation
anye**lir**
*[á-ɲə-**lír**]*

cedar
po**hon** ce**dar**
*[pò-**hòn** che-**dár**]*

cherry tree
po**hon** ce**ri**
*[pò-**hòn** chə-**rí**]*

chestnut
kastanye
*[**kás**-taa-ɲə]*

corn
ja**gung**
*[jaa-**gúŋg**]*

cypress
cema**ra**
*[chə-maa-**rá**]*

deciduous
gu**gur**
*[**gú**-**gúr**]*

dogwood
dog**wood**
*[dog**wood**]*

eucalyptus
eukalip**tus**
*[eu-kaa-lip-**tús**]*

evergreen
tum**buh**an hi**jau** aba**di**
*[túm-**bú**-hán hí-**jáu** á-bá-dí]*

fern
pa**kis**
*[paa-**kís**]*

fertilizer
pu**puk**
*[pú-**púk**]*

fir
cema**ra**
*[chə-maa-**rá**]*

flower
bu**nga**
*[bú-**ŋgá**]*

foliage
dedaunan
*[**də**-dá-ú-naan]*

forest
hu**tan**
*[hú-**tán**]*

fruit
bu**ah**-bu**ah**an
*[bú-**áh**-bú-**áh**-án]*

garden
ta**man**
*[taa-**mán**]*

ginko
ginko
*[**giŋ**-ko]*

grain
butiran gan**dum**
*[bú-tí-rán gán-**dúm**]*

grass
rum**put**
*[rúm-**put**]*

hay
jera**mi**
*[jə-raa-**mí**]*

herb
tana**man** her**bal**
*[taa-ná-**mán** hər-**baal**]*

hickory
hi**ko**ri
*[hí-**ko**-rí]*

ivy
tana**man** ram**bat**
*[taa-ná-**mán** rám-**baat**]*

juniper
jin**tan** sa**ru**
*[jín-**tán** saa-**rú**]*

kudzu
ku**dzu**
*[kú-**dzú**]*

leaf/leaves
da**un**
*[daa-**ún**]*

lettuce
sela**da**
*[sə-laa-**dá**]*

lily
bu**nga** lili
*[bú-**ŋgá** lí-**lí**]*

magnolia
mag**no**lia
*[mág-**nò**-lí-á]*

maple tree
po**hon** ma**ple**
*[pò-**hòn** ma**ple**]*

moss
lu**mut**
*[lú-**mút**]*

nut
ka**cang**
*[ká-**cháŋg**]*

oak
ek
[ɛk]

palm tree
po**hon** pa**lem**
*[pò-**hòn** paa-**ləm**]*

pine cone
pi**nus** cema**ra**
*[pí-**nús** chə-maa-**rá**]*

pine tree
po**hon** pi**nus**
*[pò-**hòn** pí-**nús**]*

plant
tana**man**
*[taa-ná-**mán**]*

peach tree
po**hon** per**sik**
*[pò-**hòn** pər-**sík**]*

pear tree
po**hon pir**
*[pò-**hòn pír**]*

petal
kelo**pak**
*[kə-lo-**pák**]*

poison ivy
poi**son** ivy
*[po-í-**sòn** ái-vy]*

pollen
ser**buk**
*[sər-**búk**]*

pumpkin
la**bu**
*[laa-**bú**]*

root
a**kar**
*[á-**kár**]*

roses
ma**war**
*[maa-**wár**]*

sage
sa**ge**
*[saa-**ge**]*

sap
ge**tah**
*[gə-**táh**]*

seed
bi**ji**
*[bí-**jí**]*

shrub
se**mak**
*[sə-**mák**]*

squash
la**bu**
*[laa-**bú**]*

soil
tanah
[taa-náh]

stem
batang
[baa-táŋg]

thorn
duri
[dú-rí]

tree
pohon
[pò-hòn]

trunk
batang pohon
[baa-táŋg pò-hòn]

vegetable
sayuran
[saa-yú-rán]

vine
tanaman rambat
[taa-ná-mán raam-bát]

weed
rum**put** li**ar**
[rúm-put lí-ár]

Related Verbs

to fertilize
me**mu**puk
*[mə-**moo**-pook]*

to gather
mengum**pul**kan
*[mə-ŋgoom-**pool**-kán]*

to grow
mena**nam**
*[mə-ná-**nám**]*

to harvest
mema**nen**
*[mə-má-**nɛn**]*

to pick
memi**lih**
*[mə-mí-**líh**]*

to plant
mena**nam**
*[mə- ná-**nám**]*

to plow
membajak
[məm-bá-ják]

to rake
menyapu
[mə-ɲyá-poo]

to sow
menuai
[mə-noo-wáí]

to spray
menyemprot
[mə-ɲəm-pròt]

to water
menyirami
[mə-ɲyí-rá-mí]

to weed
menyiangi
[mə-ɲyí-yáŋg-ee]

7) MEETING EACH OTHER

Greetings/Introductions
Sapaan/Perkenalan
[Saa-pá-án/Pər-kə-naa-lán]

Good morning
Selamat **pa**gi
[Sə-laa-mát paa-gí]

Good afternoon
Selamat **si**ang/**so**re
[Sə-laa-mát sí-áŋg/so-re]

Good evening
Selamat **ma**lam
[Sə-laa-mát maa-lám]

Good night
Selamat ti**dur**
[Sə-laa-mát tí-dúr]

Hi
Hai
[Hai]

Hello
Ha**lo**
[Haa-lo]

Have you met (name)?

Sudah**kah** An**da** berte**mu** de**ngan** (nama)?

*[Sú-dáh-**káh** Án-**daa** bər-tə-**mú** də-**ŋgán** (nama)?]*

Haven't we met?

Bukan**kah** ki**ta** per**nah** berte**mu**?

*[Bú-kán-**káh** kí-**tá** pər-**náh** bər-tə-**mú**?]*

How are you?

A**pa** ka**bar** An**da**?

*[Á-**paa** kaa-**bár** Án-**daa**?]*

How are you today?

A**pa** ka**bar** An**da** ha**ri** i**ni**?

*[Á-**paa** kaa-**bár** Án-daa haa-**rí** i-**ní**]*

How do you do?

A**pa** ka**bar**?

*[Á-**paa** kaa-**bár**?]*

How's it going?

Bagaima**na** kea**da**an An**da**?

*[Baa-gái-maa-**ná** kə-á-**daa**-án Án-**daa**?]*

I am (name)

Sa**ya** (nama)

*[Saa-**yá** (nama)]*

I don't think we've met.
Se**per**tinya ki**ta** be**lum** per**nah** berte**mu**.
*[Sə-**pər**-tí-ɲyá kí-**tá** bə-**lúm** pər-**náh** bər-tə-**mú**.]*

It's nice to meet you.
Se**nang** berte**mu** de**ngan** An**da**.
*[Sə-**náŋ** bər-tə-**mú** də-**ŋán** Án-**daa**.]*

Meet (name)
Perke**nal**kan (nama)
*[Pər-kə-**naal**-kán]*

My friends call me (nickname)
Te**man**-te**man** me**mang**gil sa**ya** (na**ma** ke**cil**)
*[Tə-**mán**-tə-**mán** mə-**máŋg**-gíl saa-**yá** (nama kecil)]*

My name is (name)
Na**ma** sa**ya** (nama)
*[Naa-**má** saa-**yá**]*

Nice to meet you
Se**nang** berte**mu** de**ngan** An**da**.
*[Sə-**náŋ** bər-tə-**mú** də-**ŋán** Án-**daa**.]*

Nice to see you again.
Se**nang** berte**mu** de**ngan** An**da** la**gi**.
*[Sə-**náŋ** bər-tə-**mú** də-**ŋán** Án-**daa** lá-**gí**.]*

Pleased to meet you.
Se**nang** berte**mu** de**ngan** An**da**.
*[Sə-**náŋ**g bər-tə-**mú** də-**ŋgán** Án-**daa**.]*

This is (name)
I**ni** (nama)
*[I-**ní** (nama)]*

What's your name?
Sia**pa** na**ma** An**da**?
*[Sí-á-**paa** naa-**má** Án-**daa**?]*

Who are you?
Sia**pa** An**da**?
*[Sí-á-paa Án-**daa**?]*

Greeting Answers
Jawa**ban** Sapa**an**
*[Já-wá-**bán** Sá-**pá**-aan]*

Fine, thanks
Ba**ik**, terima ka**sih**
*[Bá-**ik**, tə-rí-má ká-**síh**]*

I'm exhausted
Sa**ya** le**tih**
*[Sá-**yá** lə-**tíh**]*

I'm okay
Saya baik-baik saja
[Sá-yá bá-ik-bá-ik sá-já]

I'm sick
Saya sakit
[Sá-yá sá-keet]

I'm tired
Saya lelah
[Sá-yá lə-laah]

Not too bad
Tidak terlalu buruk
[Tí-dák tər-lá-loo boo-rook]

Not too well, actually
Tidak terlalu baik, sebenarnya
[Tí-dák tər-lá-loo bá-ík, sə-bə-nár-ɲyá]

Very well
Sangat baik
[Sá-ŋgát bá-ík]

Saying Goodbye
Mengu**cap**kan Sela**mat** Ting**gal**
*[Mə-ŋgoo-**cháp**-kán Sə-lá-**mát** Tíŋ-**gál**]*

Bye
Dah
[Dáh]

Good bye
Sela**mat** ting**gal**
*[Sə-lá-**mát** tíŋ-**gál**]*

Good night
Sela**mat** ti**dur**
*[Sə-lá-**mát** tí-**door**]*

See you
Sam**pai jum**pa
*[Sám-**páy joom**-pá]*

See you later
Sam**pai jum**pa la**gi**
*[Sám-**páy joom**-pá lá-**gí**]*

See you next week
Sam**pai jum**pa **min**gu de**pan**
*[Sám-**páy joom**-pá **míŋ**-goo də-**paan**]*

See you soon

Sampai jumpa la**gi**

*[Sám-**páy joom**-pá lá-**gí**]*

See you tomorrow

Sampai jumpa be**sok**

*[Sám-**páy joom**-pá be-**sòk**]*

Courtesy
Sopan Santun
*[Sò-**pán** Saan-**toon**]*

Excuse me

Permi**si**

*[Pər-mee-**see**]*

Pardon me

Ma**af**

*[Má-**áf**]*

I'm sorry

Saya min**ta** ma**af**

*[**Sá**-yaa mín-**tá** má-**áf**]*

Thanks

Teri**ma** ka**sih**

*[Tə-ree-**má** ká-**síh**]*

Thank you
Teri**ma** ka**sih**
[Tə-ree-má ká-síh]

You're welcome
Sa**ma**-sa**ma**
[Saa-má saa-má]

Special Greetings
Sa**pa**an Khu**sus**
[Sá-pá-án Khoo-soos]

Congratulations
Sela**mat**
[Sə-lá-mát]

Get well soon
Se**mo**ga ce**pat** sem**buh**
[Sə-mò-gá chə-pát səm-booh]

Good luck
Se**mo**ga berun**tung**
[Sə-mò-gá bər-oon-tooŋg]

Happy New Year
Sela**mat** Ta**hun** Ba**ru**
[Sə-lá-mát Tá-hún Bá-roo]

Happy Easter
Selamat Paskah
[Sə-lá-mát Pás-káh]

Merry Christmas
Selamat Natal
[Sə-lá-mát Naa-tál]

Well done
Baik sekali
[Baa-ík sə-kaa-lee]

Related Verbs

to greet
menyapa
[mə-ɲyá-paa]

to meet
bertemu
[bər-tə-moo]

to say
mengatakan
[mə-ŋgá-taa-kán]

to shake hands
berjabat tangan
[bər-jaa-bát taa-ŋgán]

to talk
berbicara
[bər-bee-chaa-rá]

to thank
mengucapkan terima kasih
[mə-ŋgoo-cháp-kán tə-ree-má ká-síh]

8) HOUSE
Rumah
[Rú-máh]

air conditioner
pendingin rua**ngan**
*[pən-dee-**ŋeen** rua-**ŋaan**]*

appliances
pera**bot**an
*[pə-raa-**bòt**-án]*

attic
lo**teng**
*[lò-**təŋg**]*

awning
jeru**bung**
*[jə-rú-**búŋg**]*

backyard
ke**bun** bela**kang**
*[kə-**bún** bə-laa-**káŋg**]*

balcony
bal**kon**
*[bál-**kòn**]*

basement
ru**ang** ba**wah** ta**nah**
[rú-áŋg baa-wáh tá-náh]

bathroom
ka**mar man**di
[kaa-már mán-dí]

bath tub
bak mandi
[bák mán-dí]

bed
ka**sur**
[kaa-súr]

bedroom
ka**mar** t**idur**
[kaa-már tí-dúr]

blanket
seli**mut**
[sə-lí-mút]

blender
blender
[blɛn-dər]

blinds
ke**rai**
[kə-rái]

bookshelf/bookcase
rak bu**ku**
[rák bú-kú]

bowl
mang**kuk**
[máŋg-kúk]

cabinet
kabi**net**
[ká-bí-nɛt]

carpet
kar**pet**
[kár-pɛt]

carport
gara**si**
[gaa-rá-sí]

ceiling
la**ngit**-la**ngit**
[lá-ŋgít lá-ŋgít]

cellar
gudang
[gú-dáŋg]

chair
kursi
*[**kúr**-sí]*

chimney
cero**bong** a**sap**
*[chə-rò-**bòŋg** á-**sáp**]*

clock
jam din**ding**
*[**jám** dín-**díŋg**]*

closet
klo**set**
*[klò-**sɛt**]*

computer
komputer
*[**kòm**-pú-tər]*

couch
so**fa**
*[so-**faa**]*

counter
me**ja**
*[me-**já**]*

crib
boks bayi
*[**bòks** baa-**yí**]*

cupboard
lema**ri**
*[lə-má-**rí**]*

cup
cang**kir**
*[cháŋ-**kír**]*

curtain
ti**rai**
*[tí-**rái**]*

desk
me**ja ker**ja
*[me-**já kər**-já]*

dining room
ru**ang** ma**kan**
*[rú-**áŋg** má-**kán**]*

dishes
pi**ring**
[pí-ríŋg]

dishwasher
pen**c**u**c**i pi**ring**
*[pən-**chú**-chí pí-**ríŋg**]*

door
pintu
***[pín**-tú]*

doorbell
bel pintu
***[bɛl pín**-tú]*

doorknob
ke**nop pin**tu
*[kə-**nòp pín**-tú]*

doorway
ja**lan** ma**suk**
*[já-**lán** má-**súk**]*

drapes
gor**den**
*[gòr-**dɛn**]*

drawer
la**ci**
*[laa-**chí**]*

---

driveway
ja**lan** ma**suk**
*[já-**lán** má-**súk**]*

---

dryer
penge**ring**
*[pə-ŋgə-**ríŋ**]*

---

duct
saluran
*[**saa**-lú-rán]*

---

exterior
eksteri**or**
*[**ɛks**-tɛ-rí-**òr**]*

---

family room
ru**ang** keluar**ga**
*[rú-**áŋg** kə-lú-ár-**gá**]*

---

fan
ki**pas** a**ngin**
*[kí-**pás** á-**ŋgín**]*

faucet
ke**ran**
*[kə-**rán**]*

fence
pa**gar**
*[paa-**gár**]*

fireplace
pe**ra**pian
*[pə-**rá**-pí-án]*

floor
lan**tai**
*[lán-**tái**]*

foundation
pondasi
*[**pòn**-dá-sí]*

frame
bingkai
*[**bíŋg**-kái]*

freezer
free**zer**
*[free**zer**]*

furnace
tungku
[**túŋ**-kú]

furniture
me**bel**
[mɛ-**bəl**]

garage
gara**si**
[gá-rá-**sí**]

garden
ta**man**
[taa-mán]

grill
panggangan
[**páŋ**-gáŋ-án]

gutters
selokan
[**sɛ**-lò-kán]

hall/hallway
lo**rong**
[lò-**ròŋ**]

hamper
ke**ran**jang
*[kə-**rán**-jáŋ]*

heater
pema**nas**
*[pə-má-**nás**]*

insulation
in**su**lasi
*[ín-**sú**-lá-sí]*

jacuzzi tub
bak jacuz**zi**
*[**bák** jacuzzi]*

key
kun**ci**
*[kún-**chí**]*

kitchen
da**pur**
*[daa-**púr**]*

ladder
tangga
*[**táŋ**-gá]*

lamp
lampu
[laam-pú]

landing
landing
[lɛn-díŋg]

laundry
cucian
[chú-chí-án]

lawn
ke**bun**
[kə-bún]

lawnmower
pemo**tong** rum**put**
[pə-mò-tòŋg rúm-pút]

library
per**pus**takaan
[pər-pús-tá-ká-án]

light
lampu
[laam-pú]

linen closet
lemari seprai
[lə-má-rí sə-prɛi]

living room
ruang tamu
[rú-áŋg taa-mú]

lock
gembok
[gəm-bòk]

loft
loteng
[lò-tɛŋg]

mailbox
kotak surat
[kò-taak sú-rát]

mantle
mantel
[mán-təl]

master bedroom
kamar tidur utama
[kaa-már tí-dúr ú-tá-má]

microwave microwave *[microwave]*	
mirror cermin *[chər-mín]*	
neighborhood lingkungan *[líng-kú-ngán]*	
nightstand meja lampu *[me-já laam-pú]*	
office kantor *[kán-tòr]*	
oven oven *[ovən]*	
painting lukisan *[lú-kí-sán]*	

paneling
pa**nel** ka**yu**
[pá-nɛl ká-yú]

pantry
da**pur**
[dá-púr]

patio
te**ras**
[tɛ-ras]

picnic table
me**ja** pik**nik**
[me-já pík-ník]

picture
fo**to**
[fo-to]

picture frame
bingkai foto
[bíŋ-kái fo-to]

pillow
bantal
[bán-taal]

plates
pir**ing**
[*pí-**ríŋg***]

plumbing
ledeng
[***lɛ**-dəŋg*]

pool
ko**lam** re**nang**
[*kò-**lám** rə-**náŋg***]

porch
be**ran**da
[*bə-**rán**-dá*]

queen bed
queen **bed**
[*queen **bed***]

quilt
seli**mut** per**ca**
[*sə-lí-**mút** pər-**chá***]

railing
pegangan **tang**ga
[***pə**-gáŋg-án **táŋg**-gá*]

range
kom**por gas**
*[kòm-**pòr gás**]*

refrigerator
kulkas
*[**kúl**-kás]*

remote control
re**mote** con**trol**
*[re**mote** con**trol**]*

roof
a**tap**
*[á-**táp**]*

room
ka**mar**
*[kaa-**már**]*

rug
kar**pet**
*[kár-**pɛt**]*

screen door
pin**tu trans**paran
*[pín-**tú trans**-pá-rán]*

shed
gu**dang**
*[gú-**dáŋ**]*

shelf/shelves
rak
*[**rák**]*

shingle
si**rap**
*[sí-**ráp**]*

shower
pancuran
*[**pán**-chú-rán]*

shutters
jendela shutter
*[**jən**-de-lá shutter]*

siding
pa**pan**
*[pá-**pán**]*

sink
wasta**fel**
*[wás-tá-**fel**]*

sofa
so**fa**
[so-**fa**]

stairs/staircase
tangga
[**táŋ**-gá]

step
a**nak tang**ga
[á-**nák táŋ**-gá]

stoop
tangga ma**suk**
[**táŋ**-gá má-**súk**]

stove
kom**por**
[kòm-**pòr**]

study
ru**ang** bela**jar**
[rú-**áŋ** bə-laa-**jár**]

table
me**ja**
[me-já]

telephone
tele**pon**
*[tə-lə-**pòn**]*

television
televi**si**
*[tə-lə-vi-**si**]*

toaster
pemang**gang**
*[pə-máŋ-**gáŋg**]*

toilet
toi**let**
*[to-i-**lɛt**]*

towel
han**duk**
*[hán-**dúk**]*

trash can
tem**pat** sam**pah**
*[təm-**pát** sám-**páh**]*

trim
lis
[lís]

upstairs
lan**tai** a**tas**
*[lán-**tái** á-**tás**]*

utility room
ru**ang** ser**ba**gu**na**
*[rú-**áŋg** sər-**baa**-gú-**ná**]*

vacuum
penye**dot** de**bu**
*[pə-ɲə-**dòt** də-**bú**]*

vanity
me**ja** ri**as**
*[me-**já** rí-**ás**]*

vase
vas
*[**vás**]*

vent
ventila**si**
*[vɛn-tí-lá-**sí**]*

wall
din**ding**
*[dín-**díŋg**]*

wardrobe
pakaian
*[**pá**-kái-án]*

washer/washing machine
pen**cu**ci/me**sin cu**ci
*[pən-**chú**-chí/mə-**sín chú**-chí]*

waste basket
tem**pat** sam**pah**
*[təm-**pát** sám-**páh**]*

water heater
pema**nas** air
*[pə-má-**nás**]*

welcome mat
ke**set** sela**mat** da**tang**
*[kɛ-**sɛt** sə-lá-**mát** dá-**táŋg**]*

window
jendela
[jən-də-lá]

window pane
pa**nel jen**dela
*[pá-**nɛl** jən-də-lá]*

window sill
ki**si jen**dela
*[kí-**sí jən**-də-lá]*

yard
ke**bun**
*[kə-**bún**]*

Related Verbs

to build
memba**ngun**
*[məm-baa-**ŋgoon**]*

to buy
membe**li**
*[məm-bə-**lee**]*

to clean
member**sih**kan
*[məm-bər-**síh**-kán]*

to decorate
menghi**as**
*[məŋg-hí-**yás**]*

to leave
mening**gal**kan
*[mə-níŋ-**gál**-kán]*

to move in
pin**dah**
*[peen-**daah**]*

to move out
ke**lu**ar
*[kə-**loo**-wár]*

to renovate
merenova**si**
*[mə-re-nò-vaa-**see**]*

to repair
memper**ba**iki
*[məm-pər-**bá**-í-kí]*

to sell
menju**al**
*[mən-joo-**ál**]*

to show
menunjuk**kan**
*[mə-noon-ʤook-**kán**]*

to view
meman**dang**
*[mə-maan-**dáŋg**]*

to visit
mengun**jung**i
*[mə-ŋgoon-**jooŋg**-í]*

to work
be**ker**ja
*[bə-**kər**-já]*

9) ARTS & ENTERTAINMENT
Seni & Hiburan
[Sə-ní & Hí-bú-rán]

3-D
3-D
[3-D]
action movie
film aksi
[film ák-sí]
actor/actress
aktor/aktris
[ák-tòr/ák-trís]
album
album
[ál-búm]
alternative
alternatif
[ál-tər-ná-tíf]
amphitheater
amfiteater
[ám-fí-tí-e-tər]

animation
anima**si**
*[á-ní-má-**sí**]*

artist
ar**tis**
*[ár-**tís**]*

audience
pe**non**ton
*[pə-**nòn**-tòn]*

ballerina
baleri**na**
*[bá-le-rí-**ná**]*

ballet
ba**let**
*[bá-**lɛt**]*

band
band
*[**bend**]*

blues
blues
*[**blues**]*

caption
kete**rang**an
*[kə-tə-**ráŋg**-án]*

carnival
karna**val**
*[kár-ná-**vál**]*

cast
peme**ran**
*[pə-mə-**rán**]*

choreographer
koreo**graf**er
*[kò-re-o-**grá**-fər]*

cinema
sine**ma**
*[sí-ne-**má**]*

classic
klasik
*[**klá**-sík]*

comedy
komedi
*[**kò**-me-dí]*

commercial
ko**mer**sial
*[ko-**mər**-sí-ál]*

composer
kompo**ser**
*[kom-po-**sər**]*

concert
kon**ser**
*[kòn-**ser**]*

conductor
kon**duk**tor
*[kòn-**dúk**-tor]*

contemporary
kon**tem**porer
*[kòn-**tɛm**-po-rɛr]*

country
country
*[**count**ry]*

credits
k**re**dit
*[**kre**-dít]*

dancer
penari
[pə-ná-rí]

director
sutradara
[sú-trá-dá-rá]

documentary
dokumenter
[dò-kú-mɛn-ter]

drama
drama
[drama]

drummer
pemain drum
[pə-má-ín drúm]

duet
drumer
[drú-mər]

episode
episode
[e-pí-so-də]

event
a**ca**ra
[*á-chá-rá*]

exhibit
pameran
[***pá**-mer-án*]

exhibition
ekshibisi
[***ɛk**-sí-bí-sí*]

fair
pe**kan** ra**ya**
[*pə-**kán** raa-**yá***]

fantasy
fantasi
[***fán**-tá-sí*]

feature/feature film
fi**tur**/**fi**lm fi**tur**
[*fí-**túr**/**fi**lm fí-**túr***]

film
film
[***fi**lm*]

flick
flick
[flick]

folk
folk
[folk]

gallery
galeri
[gá-le-rí]

genre
genre
[gen-re]

gig
gig
[gig]

group
grup
[grup]

guitar
gi**tar**
[gí-tár]

guitarist
gi**tar**is
*[gí-**tár**-is]*

hip-hop
hip-**hop**
*[hip-**hop**]*

horror
ho**ror**
*[hò-**ròr**]*

inspirational
inspirasional
*[**in**-spí-rá-sí-o-nál]*

jingle
jin**gle**
*[jin**gle**]*

legend
le**gen**da
*[lə-**gen**-dá]*

lyrics
li**rik**
*[lí-**rík**]*

magician
tu**kang** su**lap**
*[tú-**káŋg** sú-**láp**]*

microphone
mikro**fon**
*[mí-kro-**fòn**]*

motion picture
gam**bar** berge**rak**
*[gám-**bár** bər-gə-**rák**]*

movie director
sutrada**ra film**
*[sú-trá-dá-**rá film**]*

movie script
nas**kah film**
*[nás-**káh film**]*

museum
muse**um**
*[mú-se-**úm**]*

music
mu**sik**
*[mú-**sík**]*

musical
musi**kal**
*[mú-sí-**kál**]*

musician
musi**si**
*[mú-sí-**sí**]*

mystery
misteri
*[**mís**-tə-rí]*

new age
new age
[new age]

opera
ope**ra**
*[o-pə-**rá**]*

opera house
ope**ra house**
*[o-pə-**rá house**]*

orchestra
or**kes**tra
*[òr-**kes**-trá]*

painter
pe**lu**kis
*[pə-**lú**-kís]*

painting
lukisan
*[**lú**-kís-án]*

parade
para**de**
*[pá-rá-**de**]*

performance
per**tun**jukan
*[pər-**tún**-jú-kán]*

pianist
pia**nis**
*[pí-á-**nís**]*

picture
fo**to**
*[fo-**to**]*

play
sandiwara
*[**sán**-dí-wá-rá]*

playwright
drama**wan**
*[drá-maa-**wán**]*

pop
pop
*[**pòp**]*

popcorn
popcorn
*[**pòp**còrn]*

producer
produser
*[**pro**-dú-ser]*

rap
rap
[rɛp]

reggae
reg**gae**
*[reg**gae**]*

repertoire
reper**toire**
*[rɛp-pər-**twaar**]*

rock
rock
[ròck]

role
peran
[pə-rán]

romance
romansa
[rò-maan-sá]

scene
adegan
[á-də-gán]

science fiction
fiksi ilmiah
[fík-sí íl-mí-áh]

sculpter
pemahat
[pə-maa-hát]

shot
jepretan
[jə-pret-án]

show
per**tun**jukan
*[pər-**tún**-júk-án]*

show business
bis**nis** per**tun**jukan
*[bís-**nís** pər-**tún**-júk-án]*

silent film
film bisu
*[film **bí**-sú]*

singer
penya**nyi**
*[pə-ɲyá-**ɲyí**]*

sitcom
komedi situa**si**
*[**kò**-me-dí sí-tú-á-**sí**]*

soloist
solois
*[**so**-lo-is]*

song
la**gu**
*[lá-**gú**]*

songwriter
pengarang lagu
[pə-ŋgá-ráŋg lá-gú]

stadium
stadion
[stá-dí-òn]

stage
panggung
[páŋg-gúŋg]

stand-up comedy
komedi stand-up
[kò-me-dí stand-up]

television
televisi
[te-le-ví-sí]

TV show
acara TV
[á-chá-rá TV]

theater
teater
[te-a-tər]

understudy
peme**ran** peng**gan**ti
*[pə-mə-**rán** pəŋ-**gán-tí**]*

vocalist
voka**lis**
*[vò-ká-**lís**]*

violinist
pe**ma**in bio**la**
*[pə-**má**-ín bí-ò-**lá**]*

Related Verbs

to act
ber**ak**ting
*[bər-**ák**-tíŋ]*

to applaud
berte**puk** ta**ngan**
*[bər-tə-**pook** tá-**ŋgán**]*

to conduct
memim**pin**
*[mə-meem-**peen**]*

to dance
mena**ri**
*[mə-naa-**rí**]*

to direct
menyu**tra**darai
[mə-ɲoo-**trá**-dá-rá-í]

to draw
menggam**bar**
[məŋ-gám-**baar**]

to entertain
menghi**bur**
[məŋ-hee-**boor**]

to exhibit
mempera**ga**kan
[məm-pə-rá-**gá**-kán]

to host
menye**leng**garakan
[məɲə-**ləŋg**-gá-rá-kán]

to paint
melu**kis**
[mə-loo-**kís**]

to perform
tam**pil**
[tám-**píll**]

to play
berma**in**
*[bər-má-**ín**]*

to sculpt
mema**hat**
*[mə-má-**haat**]*

to show
menun**juk**kan
*[mə-noon-**jook**-kán]*

to sing
menya**nyi**
*[mə-ɲá-**ɲí**]*

to star
mem**bin**tangi
*[məm-**been**-táŋ-í]*

to watch
me**non**ton
*[mə-**nòn**-tòn]*

10) GAMES AND SPORTS
Permainan & Olahraga
*[Pər-**má**-í-nán & Ò-**láh**-rá-gá]*

ace
as
[ás]

amateur
ama**tir**
*[á-má-**tír**]*

archery
pana**han**
[pá-náh-án]

arena
are**na**
*[á-re-**ná**]*

arrow
pa**nah**
*[pá-**náh**]*

athlete
at**let**
*[át-**lɛt**]*

badminton
bad**min**ton
*[bád-**mín**-tòn]*

ball
bo**la**
*[bo-**lá**]*

base
ba**sis**
*[bá-**sís**]*

baseball
bisb**ol**
*[bís-**bòl**]*

basket
bas**ket**
*[bás-**kɛt**]*

basketball
bo**la** bas**ket**
*[bò-**lá** bás-**kɛt**]*

bat
tong**kat**
*[tòŋ-**kát**]*

bicycle
sepe**da**
*[sə-pe-**dá**]*

billiards
bili**ar**
*[bí-lí-**ár**]*

bow
bu**sur**
*[bú-**súr**]*

bowling
bo**ling**
*[bo-**líŋg**]*

boxing
tinju
*[**tín**-jú]*

captain
kapten
*[**káp**-tɛn]*

champion
juara
*[**jú**-á-rá]*

championship
ke**ju**araan
*[kə-**jú**-á-rá-án]*

cleats
sepa**tu** o**lah**raga
*[sə-pá-**tú** ò-**láh**-rá-gá]*

club
klub
*[**klúb**]*

competition
kompetisi
*[**kòm**-pə-**tí**-sí]*

course
pa**dang**
*[pá-**dáŋ**]*

court
halaman
*[**há**-lá-mán]*

cricket
kri**ket**
*[krí-**ket**]*

cup
pia**la**
*[pí-á-**lá**]*

curling
cur**ling**
[curliŋg]

cycling
ber**se**pe**da**
*[bər-**sə**-pe-**dá**]*

darts
a**nak** pa**nah**
*[á-**nák** pá-**náh**]*

defense
per**ta**hanan
*[pər-**tá**-hán-án]*

diving
menye**lam**
*[mə-ɲə-**lám**]*

dodgeball
dodge**ball**
*[dodge**ball**]*

driver
stik golf kayu
[stík golf ká-yú]

equestrian
berku**da**
[bər-kú-dá]

event
aca**ra**
[á-chá-rá]

fan
ki**pas** a**ngin**
[kí-pás á-ŋgín]

fencing
ang**gar**
[áŋ-gár]

field
lapa**ngan**
[lá-páŋg-án]

figure skating
figure **skat**ing
*[fugure **skat**ing]*

fishing
meman**cing**
[mə-mán-**chíŋg**]

football
foot**ball**
[foot**ball**]

game
per**tan**dingan
[pər-**tán**-díŋg-án]

gear
per**leng**kapan
[pər-**ləŋg**-káp-án]

goal
gol
[gòl]

golf
golf
[gòlf]

golf club
stik golf
[stík gòlf]

gym
pusat kebugaran
[pú-sát kə-bú-gá-rán]

gymnastics
senam
[sə-nám]

halftime
babak kedua
[baa-bák kə-dú-a]

helmet
helm
[hɛlm]

hockey
hoki
[hò-kí]

horse racing
balap kuda
[baa-láp kú-dá]

hunting
berburu
[bər-bú-rú]

ice skating
seluncur es
[sə-lún-chúr es]

inning
inning
[inning]

jockey
joki
[jò-kí]

judo
judo
[jú-do]

karate
karate
[ká-rá-te]

kayaking
kayak
[kaa-yák]

kickball
bola sepak
[bò-lá se-pák]

lacrosse	
la**crosse**	
*[la**crosse**]*	
league	
li**ga**	
*[lí-**gá**]*	
martial arts	
se**ni be**la di**ri**	
*[sə-**ní be**-lá dí-**rí**]*	
mat	
a**las**	
*[á-**lás**]*	
match	
per**tan**dingan	
*[pər-**tán**-díŋg-án]*	
medal	
meda**li**	
*[mə-dá-**lí**]*	
net	
ja**ring**	
*[jaa-**ríŋg**]*	

offense
serangan
[sə-ráŋg-án]

Olympic Games
Per**tan**dingan O**lim**piade
*[Pər-**tán**-díŋg-án Ò-**lím**-pí-á-de]*

pentathlon
penta**thlon**
*[pɛn-tá-**thlòn**]*

pitch
pu**kul**an
*[pú-**kúl**-án]*

play
per**ma**inan
*[pər-**má**-in-án]*

player
pe**ma**in
*[pə-**má**-ín]*

polo
polo
*[**po**-lo]*

pool
bili**ar**
*[bí-lí-**ár**]*

pool cue
pool cue
*[**pool cue**]*

professional
profesion**al**
*[pro-fe-sí-o-**nál**]*

puck
bo**la** ka**ret**
*[bò-**lá** ká-rɛt]*

quarter
ba**bak** pe**rem**pat fi**nal**
*[baa-**bák** pə-rəm-pát fí-**nál**]*

race
lomba
*[**lòm**-bá]*

race car
mo**bil** ba**lap**
*[mò-**bíl** baa-**lap**]*

racket
ra**ket**
[rá-**ket**]

record
re**kor**
[rɛ-**kòr**]

referee
wa**sit**
[waa-**sít**]

relay
re**lai**
[re-**láí**]

riding
berku**da**
[bər-kú-**dá**]

ring
ar**e**na
[á-**re**-ná]

rink
gelang**gang es**
[gə-láŋg-**gáŋg es**]

rowing
o**lah**raga da**yung**
*[ò-**láh**-rá-gá dá-**yúŋg**]*

rugby
rug**bi**
*[rág-**bí**]*

running
o**lah**raga la**ri**
*[ò-**láh**-rá-gá lá-**rí**]*

saddle
sa**del**
*[sá-**del**]*

sailing
o**lah**raga berla**yar**
*[ò-**láh**-rá-gá bər-laa-**yár**]*

score
skor
*[**skòr**]*

shuffleboard
shuffle**board**
*[shuffle**board**]*

shuttle cock
kok
[kòk]

skates
sepatu luncur
[sə-pá-tú lún-chúr]

skating
seluncur
[sə-lún-chúr]

skiing
olahraga ski
[ò-láh-rá-gá ski]

skis
sepatu ski
[sə-pá-tú ski]

soccer
sepak bola
[se-pák bò-lá]

softball
softball
[soft-bòll]

spectators
pe**non**ton
*[pə-**nòn**-tòn]*

sport
o**lah**raga
*[ò-**láh**-rá-gá]*

sportsmanship
si**kap spor**tif
*[sí-**káp spòr**-tíf]*

squash
squash
*[**squash**]*

stadium
stadi**on**
*[stá-dí-**òn**]*

surf
selan**car**
*[sə-lán-**chár**]*

surfboard
pa**pan** selan**car**
*[pá-**pán** sə-lán-**chár**]*

swimming
olah**raga** re**nang**
[ò-láh-rá-gá rə-náŋg]

table tennis/ping pong
te**nis** me**ja**/ping **pong**
[tɛ-nís me-já/ping-pong]

tag
tag
[tɛg]

team
tim
[tím]

tennis
te**nis**
[tɛ-nís]

tetherball
tether**ball**
[tetherball]

throw
lempar
[lɛm-pár]

track
lintasan
*[**lín**-tás-án]*

track and field
atle**tik**
*[át-le-**tík**]*

volleyball
bo**la vo**li
*[bò-**lá vò**-lí]*

water skiing
ski air
*[**ski** a-ír]*

weight lifting
ang**kat** be**ban**
*[**áŋ-kát** bə-**bán**]*

whistle
pelu**it**
*[pə-lú-**ít**]*

win
ke**me**nangan
*[kə-**mə**-náŋ-án]*

windsurfing
selan**car** a**ngin**
*[sə-lán-**chár** á-**ŋgín**]*

winner
peme**nang**
*[pə-mə-**náŋ**]*

wrestling
gu**lat**
*[gú-**lát**]*

Related Verbs

to catch
me**nang**kap
*[mə-**náŋ**-káp]*

to cheat
mengaka**li**
*[mə-ŋgá-ká-**lee**]*

to compete
bersa**ing**
*[bər-sá-**íŋ**]*

to dribble
mendri**bel**
*[mən-drí-**bəl**]*

to go
me**ngam**bil gili**ran**
*[mə-**ŋgám**-bíl gí-lí-**rán**]*

to hit
memu**kul**
*[mə-moo-**kool**]*

to jump
me**lom**pat
*[mə-**lòm**-pát]*

to kick
menen**dang**
*[mə-nən-**dáŋg**]*

to knock out
menga**lah**kan
*[mə-ŋgá-**láh**-kán]*

to lose
ka**lah**
*[ká-**láh**]*

to play
ber**ma**in
*[bər-**maa**-ín]*

to race
ber**lom**ba
*[bər-**lòm**-baa]*

to run
berla**ri**
*[bər-laa-**rí**]*

to score
mence**tak skor**
*[mən-ce-**ták skòr**]*

to win
meme**nang**kan
*[mə-mə-**náŋ**-kán]*

11) FOOD
Makanan
[Maa-kán-án]

apple
a**pel**
*[á-**pəl**]*

bacon
da**ging** ba**bi** i**ris**
*[dá-**gíŋg** baa-**bí** i-**rís**]*

bagel
ba**gel**
*[bá-**gel**]*

banana
pi**sang**
*[pí-**sáŋg**]*

beans
ka**cang**
*[ká-**cháŋg**]*

beef
da**ging** sa**pi**
*[dá-**gíŋg** saa-**pí**]*

bread
roti
[rò-tí]

broccoli
brokoli
*[**brò**-kò-lí]*

brownie
brow**nie**
*[brow-**níe**]*

cake
cake
*[**cake**]*

candy
per**men**
*[pər-**mɛn**]*

carrot
wor**tel**
*[wòr-**təl**]*

celery
sele**dri**
*[sə-lɛ-**drí**]*

cheese
ke**ju**
*[kɛ-**jú**]*

cheesecake
kue ke**ju**
*[**kú**-e kɛ-**jú**]*

chicken
a**yam**
*[á-**yám**]*

chocolate
coke**lat**
*[chò-kə-**lát**]*

cinnamon
ka**yu** ma**nis**
*[kaa-**yú** má-**nís**]*

cookie
biskuit
*[**bis**-kú-it]*

crackers
keru**puk**
*[kə-rú-**púk**]*

dip
sa**us**
*[saa-**ús**]*

eggplant
te**rung**
*[tə-**rúŋg**]*

fig
a**ra**
*[á-**rá**]*

fish
i**kan**
*[í-**kán**]*

fruit
bu**ah**-bu**ah**an
*[bú-**áh**-bú-**áh**-án]*

garlic
ba**wang** pu**tih**
*[baa-**wáŋg** pú-**tíh**]*

ginger
ja**he**
*[jaa-**he**]*

ham
ham
[hɛm]

herbs
tana**man** her**bal**
*[taa-ná-**mán** her-**baal**]*

honey
ma**du**
*[maa-**dú**]*

ice cream
es krim
*[ɛs **krím**]*

jelly/jam
je**li**/se**lai**
*[jɛ-**lí**/sə-**lái**]*

ketchup
sa**us**
*[saa-**ús**]*

lemon
je**ruk** le**mon**
*[jə-**rúk** lɛ-**mòn**]*

lettuce
sela**da**
*[sə-lá-**dá**]*

mahi mahi
ma**hi** ma**hi**
*[má-**hí** má-**hí**]*

mango
mangga
*[**máŋ**-gá]*

mayonnaise
mayo**nes**
*[má-yò-**nɛs**]*

meat
da**ging**
*[dá-**gíŋg**]*

melon
mel**on**
*[mɛ-**lòn**]*

milk
su**su**
*[sú-**sú**]*

mustard
mus**tard**
*[mus**tard**]*

noodles
mi
[mí]

nuts
ka**cang**-ka**cang**an
*[ká-**cháŋg** ká-**cháŋg**án]*

oats
oat
[oat]

olive
zai**tun**
*[zaa-í-**tún**]*

orange
je**ruk**
*[jə-**rúk**]*

pasta
pasta
*[**pás**-tá]*

pastry
kue pastry
[kú-e pás-trí]

pepper
merica
[mə-rí-chá]

pork
daging babi
[dá-gíŋg bá-bí]

potato
kentang
[kən-táŋg]

pumpkin
labu
[lá-bú]

raisin
kismis
[kís-mís]

sage
sage
[sá-ge]

salad
salad
[sá-*lád*]

salmon
sal**mon**
[sál-***mòn***]

sandwich
ro**ti** i**si**
[rò-***ti*** i-***sí***]

sausage
so**sis**
[sò-***sís***]

soup
sup
[***súp***]

squash
la**bu**
[lá-***bú***]

steak
steak
[***steak***]

strawberry
stroberi
[stro-be-ree]

sugar
gula
[gu-la]

tea
teh
[tɛh]

toast
panggangan
[páŋg-gáŋg-án]

tomato
tomat
[tò-mát]

vinegar
cuka
[chú-ká]

vegetables
sayuran
[saa-yúr-án]

water
air
[á-ír]

wheat
gan**dum**
*[gán-**dúm**]*

yogurt
yog**hurt**
*[yog**hurt**]*

Restaurants and Cafes
Restoran dan Ka**fe**
*[**Rɛs**-tò-rán dan Ká-**fe**]*

a la carte
a la car**te**
*[a la car**te**]*

a la mode
a la mo**de**
*[a la mo**de**]*

appetizer
ma**kan**an pembu**ka**
*[má-**kán**-án pəm-bú-**ká**]*

bar
bar
[bar]

beverage
mi**nu**man
*[mí-**nú**-mán]*

bill
no**ta**
*[nò-**tá**]*

bistro
bistro
*[**bis**-tro]*

boiled bowl
mang**kuk** na**si**
*[máŋ-**kúk** naa-**sí**]*

braised
o**por**
*[ò-**pòr**]*

breakfast
sara**pan**
*[saa-rá-**pán**]*

brunch
sara**pan** si**ang**
*[saa-rá-**pán** sí-**áŋg**]*

cafe/cafeteria
ka**fe**/kafe**ta**ria
*[ká-**fe**/ká-fe-**tá**-rí-á]*

cashier
ka**sir**
*[kaa-**sír**]*

chair
kursi
*[**kúr**-sí]*

charge
ta**gi**han
*[taa-**gíh**-án]*

check
no**ta**
*[nò-**tá**]*

chef
ju**ru** ma**sak**
*[jú-**rú** maa-**sák**]*

coffee
kopi
[kò-pí]

coffee shop
ke**dai ko**pi
[kò-pí]

condiments
sam**bal**
[sám-bál]

cook
ko**ki**
[kò-kí]

courses
ma**kan**an
[má-kán-án]

credit card
kar**tu kre**dit
[kár-tú kre-dít]

cup
cang**kir**
[cháŋg-kír]

cutlery
pisau makan
[pí-sáu má kán]

deli/delicatessen
deli
[de-li]

dessert
makanan penutup
[má-kán-án pə-nú-túp]

dine
makan
[má-kán]

diner
warung
[wá-rúŋg]

dinner
makan malam
[má-kán maa-lám]

dish
piring
[pí-ríŋg]

dishwasher
pencuci piring
[pən-chú-chí pí-ríŋg]

doggie bag
kantung kertas
[kán-túŋg kər-tás]

drink
minuman
[mí-nú-mán]

entree
makanan utama
[má-kán-án ú-tá-má]

food
makanan
[má-kán-án]

fork
garpu
[gár-pú]

glass
gelas
[gə-laas]

gourmet
gour**met**
*[gour**met**]*

hor d'oeuvre
snack pembu**ka**
*[**snack** pəm-bú-**ká**]*

host/hostess
pela**yan**
*[pə-laa-**yán**]*

knife
pi**sau**
*[pí-**sáu**]*

lunch
ma**kan** si**ang**
*[má-**kán** sí-**áŋg**]*

maitre d'
pramusa**ji**
*[prá-mú-sá-**jí**]*

manager
mana**jer**
*[mɛ-nɛ-**jər**]*

menu me**nu** *[mə-**nú**]*	
mug cang**kir** *[cháŋg-**kír**]*	
napkin ser**bet** *[sər-**bɛt**]*	
order **pe**sanan *[**pə**-sán-án]*	
party **pes**ta *[**pɛs**-tá]*	
plate pi**ring** *[pí-**ríŋg**]*	
platter pi**ring** *[pí-**ríŋg**]*	

reservation

pe**me**sanan tem**pat**

*[pə-**mə**-sán-án təm-paat]*

---

restaurant

restoran

*[**rɛs**-tòr-án]*

---

saucer

ca**wan**

*[chaa-**wán**]*

---

server

pela**yan**

*[pə-laa-**yán**]*

---

side order

pesanan **tam**bahan

*[**pə**-sá-nán **tám**-bá-hán]*

---

silverware

pera**lat**an ma**kan** pe**rak**

*[pər-á-**lát**-án má-**kán** pɛ-**rák**]*

---

special

istime**wa**

*[**ís**-**tí**-me-**wá**]*

spoon
sendok
[sɛn-dòk]

starters
makanan pembuka
[má-kán-án pəm-bú-ká]

supper
makan malam
[má-kán maa-lám]

table
meja
[me-já]

tax
pajak
[pá-ják]

tip
tip
[típ]

to go
untuk dibawa
[ún-túk dí-bá-wá]

utensils
peralatan makan
*[pər-á-**lát**-án má-**kán**]*

waiter/waitress
pramusaji
*[prá-mú-sá-**jí**]*

Related Verbs

to bake
memanggang
*[mə-**máŋg**-gáŋg]*

to be hungry
merasa lapar
*[mə-rá-**saa** laa-**pár**]*

to cook
memasak
*[mə-maa-**sák**]*

to cut
memotong
*[mə-mò-**tòŋg**]*

to drink
meminum
*[mə-mee-**noom**]*

to eat
ma**kan**
*[maa-**kán**]*

to eat out
ma**kan** di lu**ar**
*[maa-**kán** dee loo-**wár**]*

to feed
membe**ri** ma**kan**
*[məm-bə-**rí** maa-**kán**]*

to grow
mena**nam**
*[mə-naa-**nám**]*

to have breakfast
sara**pan**
*[sá-raa-**pán**]*

to have lunch
ma**kan** si**ang**
*[maa-**kán** see-**áŋg**]*

to have dinner
ma**kan** ma**lam**
*[maa-**kán** maa-**lám**]*

to make
mem**bu**at
*[mǝm-**boo**-wát]*

to order
meme**san**
*[mǝ-mǝ-**saan**]*

to pay
memba**yar**
*[mǝm-baa-**yár**]*

to prepare
me**nyi**apkan
*[mǝ-**ŋí**-áp-kán]*

to request
me**min**ta
*[mǝ-**mín**-taa]*

to reserve
meme**san**
*[mǝ-mǝ-**saan**]*

to serve
mela**ya**ni
*[mǝ-lá-**yaa**-nee]*

to set the table
mengatur meja
[mə-ŋgaa-toor me-jaa]

to taste
mencicipi
[mən-chí-chí-pee]

12) SHOPPING
Belanja
*[Bə-**lán**-jaa]*

bags
kan**tung**
*[kán-**túŋ**]*

bakery
to**ko** ro**ti**
*[to-**ko** ro-**tí**]*

barcode
bar**code**
*[bar**code**]*

basket
keran**jang**
*[kə-rán-**jáŋg**]*

bookstore
to**ko** bu**ku**
*[to-**ko** bú-**kú**]*

boutique
bu**tik**
*[bú-**tík**]*

browse
meli**hat**-li**hat**
*[mə-lí-**hát**-lí-**hát**]*

buggy/shopping cart
troli
*[**trò**-lí]*

butcher
tu**kang** da**ging**
*[tú-**káŋg** dá-**gíŋg**]*

buy
membe**li**
*[məm-bə-**lí**]*

cash
u**ang** tu**nai**
*[ú-**áŋg** tú-**nái**]*

cashier
ka**sir**
*[ká-**sír**]*

change
u**ang** re**ceh**
*[ú-**áŋg** rɛ-**cɛh**]*

changing room
ka**mar** gan**ti**
*[kaa-**már** gán-**tí**]*

cheap
mu**rah**
*[mú-**ráh**]*

check
cek
[cɛk]

clearance
clearance
[clearance]

coin
ko**in**
*[kò-**ín**]*

convenience store
to**ko** ke**lon**tong
*[to-**ko** kə-**lòn**-tòŋg]*

counter
kon**ter**
*[kòn-**tər**]*

credit card
kar**tu** kre**dit**
[kár-tú kre-dít]

customers
pelang**gan**
[pə-láŋ-gán]

debit card
kar**tu** de**bit**
[kár-tú de-bit]

delivery
pe**san** an**tar**
[pə-sán án-taar]

department store
to**ko** ser**ba** a**da**
[to-ko sər-bá á-dá]

discount
dis**kon**
[dís-kòn]

discount store
to**ko** dis**kon**
[to-ko dís-kòn]

drugstore/pharmacy
apo**tek**/to**ko** o**bat**
[á-pò-tɛk/to-ko o-baat]

---

electronic store
to**ko** elek**tronik**
[to-ko ɛ-lɛk-trò-ník]

---

escalator
eskala**tor**
[es-kaa-lá-tòr]

---

expensive
ma**hal**
[maa-hál]

---

flea market
pa**sar** lo**ak**
[pá-sár lò-ák]

---

florist
to**ko** bu**nga**
[to-ko bú-ŋgá]

---

grocery store
to**ko kelontong**
[to-ko kə-lòn-tòŋg]

hardware
peran**kat** ke**ras**
*[pə-ráŋ-**kát** kə-**rás**]*

jeweler
toko per**hi**asan
*[to-ko pər-**hí**-á-sán]*

mall
mal
[mòl]

market
pa**sar**
*[pá-**sár**]*

meat department
bagian da**ging**
*[bá-gí-án dá-**gíŋ**]*

music store
to**ko** mu**sik**
*[to-**ko** mú-**sík**]*

offer
pena**war**an
*[pə-ná-**wá**-rán]*

pet store
toko hewan piaraan
[to-ko hɛ-wán pí-á-rá-án]

purchase
pembelian
[pəm-bə-lí-án]

purse
dompet
[dòm-pɛt]

rack
rak
[rák]

receipt
nota
[nò-tá]

return
pengembalian
[pə-ŋgəm-bá-lí-án]

sale
obral
[ò-brál]

sales person
wiraniaga
[wí-rá-ní-á-gaa]

scale
skala
[ská-laa]

size
ukuran
[ú-kú-rán]

shelf/shelves
rak
[rák]

shoe store
toko sepatu
[to-ko sə-paa-tú]

shop
toko
[to-ko]

shopping center
pusat perbelanjaan
[pú-sát pər-bə-lán-já-án]

store
to**ko**
*[to-**ko**]*

supermarket
supermarket
[sú-pər-maar-kət]

tailor
penja**hit**
*[pən-já-**hít**]*

till
la**ci** u**ang**
*[lá-**cí** ú-**áŋg**]*

toy store
to**ko** ma**in**an
*[to-**ko** maa-**í**-nán]*

wallet
dom**pet**
*[dòm-**pɛt**]*

wholesale
grosir
*[**grò**-sír]*

Related Verbs

to buy
membe**li**
[məm-bə-**lee**]

to charge
membe**ban**kan
[məm-bə-**baan**-kán]

to choose
memi**lih**
[mə-mí-**líh**]

to exchange
menu**kar**
[mə-noo-**kár**]

to go shopping
berbe**lan**ja
[bər-bə-**lán**-jaa]

to owe
beru**tang**
[bər-oo-**táŋg**]

to pay
memba**yar**
[məm-baa-**yár**]

to prefer
le**bih** su**ka**
*[lə-**bíh** soo-**ká**]*

to return
me**ngem**balikan
*[mə-**ŋgəm**-baa-lee-**kán**]*

to save
menyela**mat**kan
*[mə-ɲə-lá-**mát**-kán]*

to sell
men**ju**al
*[mən-**joo**-ál]*

to shop
berbe**lan**ja
*[bər-bə-**lán**-jaa]*

to spend
membe**lan**jakan
*[məm-bə-**lán**-jaa-kán]*

to try on
men**co**ba
*[mən-**co**-baa]*

to want
meng**ingin**kan
*[mə-ŋgí-**ŋgín**-kán]*

13) AT THE BANK
Di **Bank**
*[Dí **Bánk**]*

account
reke**ning**
*[re-kə-**neeŋg**]*

APR/Annual Percentage Rate
Ang**ka** Per**sen**tase Ta**hun**an
*[Áŋg-**kaa** Pər-**sen**-taa-sə Taa-**hún**-án]*

ATM/Automatic Teller Machine
ATM/Anju**ngan** Tu**nai** Mandi**ri**
*[Á-Te-ɛM/Án-jú**ŋg-án** Tú-**náy** Mán-dí-**rí**]*

balance
sal**do**
*[saal-**do**]*

bank
bank
*[**bánk**]*

bank charges
bia**ya bank**
*[bee-á-**yá bánk**]*

bank draft
pe**na**rikan **bank**
*[pə-**naa**-rí-kán **bánk**]*

bank rate
su**ku** bu**nga bank**
*[sú-**kú** bú-**ŋgá bánk**]*

bank statement
la**po**ran **bank**
*[lá-**po**-rán **bánk**]*

borrower
pe**min**jam
*[pə-**mín**-jaam]*

bounced check
cek ko**song**
*[**cek** ko-**soŋ**]*

cardholder
peme**gang** kar**tu**
*[pə-mə-**gáŋ** kaar-**tú**]*

cash
u**ang** tu**nai**
*[ú-**áŋ** tú-**náy**]*

cashback
pengembalian tu**nai**
*[pə-**ŋgəm**-baa-lí-án tú-**náy**]*

check
cek
[cɛk]

checkbook
bu**ku cek**
*[bú-**kú cɛk**]*

checking account
reke**ning** tabu**ngan**
*[rə-kə-**níŋg** tá-búŋg-án]*

collateral
ja**min**an
*[jaa-**mín**-án]*

commission
komisi
*[**ko**-mí-sí]*

credit
kredit
*[**kre**-dít]*

credit card
kar**tu kre**dit
*[kaar-**tú kre**-dít]*

credit limit
ba**tas kre**dit
*[baa-**tás kre**-dít]*

credit rating
pering**kat kre**dit
*[pə-ríŋ-**kát kre**-dít]*

currency
ma**ta** u**ang**
*[maa-**tá** ú-**áŋg**]*

debt
u**tang**
*[ú-**táŋg**]*

debit
de**bit**
*[de-**bit**]*

debit card
kar**tu** de**bit**
*[kaar-**tú** de-**bit**]*

deposit
deposito
[de-po-si-to]

direct debit
debit langsung
[de-bit láng-súng]

direct deposit
deposito langsung
[de-po-si-to láng-súng]

expense
pengeluaran
[pə-ŋgə-lú-á-rán]

fees
biaya
[bee-á-yá]

foreign exchange rate
nilai tukar mata uang asing
[ní-láí tú-kaar maa-tá ú-áŋg á-síng]

insurance
asuransi
[á-sú-rán-sí]

interest
bu**nga**
[bú-ŋgá]

Internet banking
inter**net** banking
[internet banking]

loan
pinjaman
*[**pín**-jaa-mán]*

money
u**ang**
*[ú-**áŋg**]*

money market
pa**s**ar u**ang**
*[paa-**sár** ú-**áŋg**]*

mortgage
hipo**tek**
*[hí-po-**tɛk**]*

NSF/Insufficient Funds
Ti**dak** Cu**kup** Da**na**
*[Tí-**dák** Choo-**kúp** Daa-**ná**]*

online banking
online banking
[online banking]

overdraft
cerukan
*[**chə**-rúk-kán]*

payee
peneri**ma** ba**yar**an
*[pə-nə-rí-**má** baa-**yár**-án]*

pin number
no**mor pin**
*[no-**mor pín**]*

register
ka**sir**
*[kaa-**sír**]*

savings account
reke**ning** tabu**ngan**
*[re-kə-**níŋg** taa-boo-**ŋgán**]*

statement
la**po**ran
*[laa-**po**-rán]*

tax
pa**jak**
*[paa-**ják**]*

telebanking
te**le**banking
*[te**le**banking]*

teller
tel**ler**
*[tel**ler**]*

transaction
tran**sak**si
*[tran-**saak**-sí]*

traveler's check
cek perjalanan
*[**cɛk** pər-**jaa**-lán-án]*

vault
bran**kas**
*[brán-**kaas**]*

withdraw
pe**na**rikan
*[pə-**ná**-rí-kán]*

Related Verbs

to borrow
memin**jam**
*[mə-mín-**jaam**]*

---

to cash
mengu**ang**kan
*[məŋg-oo-**áŋg**-kán]*

---

to charge
membe**ban**kan
*[məm-bə-**baan**-kán]*

---

to deposit
menye**tor**
*[mə-ɲə-**tòr**]*

---

to endorse
mendu**kung**
*[mən-doo-**kooŋg**]*

---

to enter
memasu**ki**
*[mə-aa-soo-**kí**]*

---

to hold
meme**gang**
*[mə-mə-**gaaŋg**]*

to insure
mengasu**ran**sikan
*[məŋ-a-soo-**rán**-see-kán]*

to lend
memin**jam**kan
*[mə-mín-**jaam**-kán]*

to open an account
membu**ka** reke**ning**
*[məm-boo-**ká** rɛ-kə-**níŋg**]*

to pay
memba**yar**
*[məm-baa-**yár**]*

to save
mena**bung**
*[mə-naa-**booŋg**]*

to spend
membe**lan**jakan
*[məm-bə-**lán**-jaa-kán]*

to transfer money
mengi**rim** u**ang**
*[mə-ŋgí-**rím** ú-**wáŋg**]*

to withdraw
menarik
[mə-naa-rík]

14) HOLIDAYS
Liburan
[Lee-bú-rán]

balloons
ba**lon**
*[baa-**lòn**]*

calendar
kalen**der**
*[kaa-lɛn-**dər**]*

celebrate
mera**ya**kan
*[mə-raa-**yá**-kán]*

celebration
pera**ya**an
*[pə-raa-**yá**-án]*

commemorating
mempe**ri**ngati
*[məm-pə-**rí**-ŋgá-tí]*

decorations
de**ko**rasi
*[de-**ko**-raa-sí]*

family
keluar**ga**
*[kə-lú-ár-**gaa**]*

feast
jamuan
*[**jaa**-mú-án]*

federal
feder**al**
*[fe-də-**rál**]*

festivities
pera**ya**an
*[pə-raa-**yá**-án]*

fireworks
kem**bang** a**pi**
*[kəm-báŋ á-**pí**]*

first
perta**ma**
*[pər-taa-**má**]*

friends
te**man**
*[tə-**mán**]*

games
per**ma**inan
*[pər-**maa**-ín-án]*

gifts
hadi**ah**
*[haa-dí-**áh**]*

heros
pahlawan
*[**páh**-laa-wán]*

holiday
ha**ri li**bur
*[haa-**rí lí**-búr]*

honor
meng**hor**mati
*[məŋ-**hor**-maa-tí]*

national
nasio**nal**
*[ná-sí-o-**nál**]*

parade
para**de**
*[paa-rá-**de**]*

party
pesta
[pɛs-tá]

picnics
pik**nik**
[pík-ník]

remember
mengi**ngat**
[mə-ŋgí-ŋgát]

resolution
re**so**lusi
[re-so-lú-sí]

traditions
tradisi
[trá-dí-sí]

American Holidays in calendar order:
Ha**ri** Li**bur** Ameri**ka**
[Haa-rí Lee-búr Áme-rí-kaa]

New Year's Day
Ta**hun** Ba**ru**
[Taa-hún Baa-rú]

Martin Luther King Jr. Day
Ha**ri** Martin Luther King
*[Haa-**rí** Martin Luther King]*

Groundhog Day
Ha**ri** Ground**hog**
*[Haa-**rí** Ground**hog**]*

Valentine's Day
Ha**ri** Valentine
*[Haa-**rí** Valentine]*

St. Patrick's Day
Ha**ri** St. Pa**trick**
*[Haa-**rí** St. Pa**trick**]*

Easter
Pas**kah**
*[Paas-**káh**]*

April Fool's Day
A**pril** Mop
*[Á-**príl Mop**]*

Earth Day
Ha**ri** Bu**mi**
*[Haa-**rí** Bú-**mí**]*

Mother's Day
Ha**ri** I**bu**
*[Haa-**rí** Í-**bú**]*

Memorial Day
Ha**ri** Me**mo**rial
*[Haa-**rí** Me-**mo**-rial]*

Father's Day
Ha**ri** Ayah
*[Haa-**rí** Á-**yáh**]*

Flag Day
Ha**ri** Bende**ra**
*[Haa-**rí** Bən-de-**raa**]*

Independence Day/July 4th
Ha**ri** Ke**mer**dekaan/4 Ju**li**
*[Haa-**rí** Kə-**mər**-de-ká-án/4 Joo-**lí**]*

Labor Day
Ha**ri** Bu**ruh**
*[Haa-**rí** Boo-**rúh**]*

Columbus Day
Ha**ri** Colum**bus**
*[Haa-**rí** Co-lúm-**bús**]*

Halloween
Halloween
[Halloween]

Veteran's Day
Hari Veteran
[Haa-rí Ve-tə-rán]

Election Day
Pemilihan Umum
[Pə-mí-líh-án Ú-moom]

Thanksgiving Day
Hari Thanksgiving
[Haa-rí Thanksgiving]

Christmas
Natal
[Naa-tál]

Hanukkah
Hanukkah
[Haa-nook-káh]

New Year's Eve
Malam Tahun Baru
[Maa-lám Taa-hún Baa-rú]

Related Verbs

to celebrate
meraya**kan**
*[mərá-yaa-**kán**]*

to cherish
meng**har**gai
*[məŋ-**hár**-gaa-í]*

to commemorate
mempe**r**ingati
*[məm-pə-**rí**-ŋgá-tee]*

to cook
mema**s**ak
*[mə-maa-**sák**]*

to give
membe**ri**
*[məm-bə-**rí**]*

to go to
pergi ke
*[**pər**-gí kə]*

to honor
meng**uang**kan
*[məŋ-oo-**áŋg**-kán]*

to observe

mengama**ti**

*[mə-ŋgá-maa-**tí**]*

to party

ber**pes**ta

*[bər-**pɛs**-taa]*

to play

berma**in**

*[bər-maa-**ínn**]*

to recognize

mengena**li**

*[mə-ŋgə-naa-**lee**]*

to remember

mengi**ngat**

*[mə-ŋgí-**ŋgaat**]*

to visit

me**ngun**jungi

*[mə-**ŋgoon**-joo-ŋgí]*

15) TRAVELING
Bepergian
*[Bə-**pər**-gí-án]*

airport
band**ra**
*[bán-dá-**raa**]*

---

backpack
tas pung**gung**
*[**tás** púŋg-**gúng**]*

---

baggage
ba**ga**si
*[baa-**gá**-sí]*

---

boarding pass
boar**ding pass**
*[boar**ding pass**]*

---

business class
ke**las bis**nis
*[kə-**lás bís**-nís]*

---

bus station
termi**nal bus**
*[tər-mí-**nál bús**]*

carry-on
koper tangan
[kò-pər tá-ŋgán]

check-in
check-in
[check-in]

coach
pelatih
[pə-laa-tíh]

cruise
berlayar
[bər-laa-yár]

depart/departure
keberangkatan
[kə-bə-ráŋg-kát-án]

destination
tujuan
[tú-jú-án]

excursion
ekskursi
[ɛks-kúr-sí]

explore
jela**jah**
*[jə-lá-**jáh**]*

first class
ke**las** sa**tu**
*[kə-**lás** sá-**tú**]*

flight
pener**bang**an
*[pə-nər-**báŋg**-án]*

flight attendant
pra**mu**gari/pra**mu**gara
*[prá-**mú**-gaa-rí/prá-**mú**-gaa-rá]*

fly
ter**bang**
*[tər-**báŋg**]*

guide
peman**du**
*[pə-mán-**dú**]*

highway
ja**lan tol**
*[já-**lán tòl**]*

hotel
hotel
[hò-tɛl]

inn
penginapan
[pə-ŋgí-ná-pán]

journey
perjalanan
[pər-jaa-lán-án]

land
daratan
[daa-rát-án]

landing
pendaratan
[pən-daa-rát-án]

lift-off
lepas landas
[lə-pás lán-dás]

luggage
koper
[kò-pər]

map
pe**ta**
*[pə-**tá**]*

move
gerakan
*[**gə**-rá-kán]*

motel
mo**tel**
*[mò-**tɛl**]*

passenger
pe**num**pang
*[pə-**núm**-páŋ]*

passport
pas**por**
*[pas-**pòr**]*

pilot
pi**lot**
*[pee-**lòt**]*

port
pe**la**buhan
*[pə-**lá**-búh-án]*

postcard
kar**tu pos**
*[kár-**tú pòs**]*

rail
rel
*[**rɛl**]*

railway
rel kere**ta** a**pi**
*[**rɛl** kə-re-**tá** á-**pí**]*

red-eye
pener**bang**an ma**lam**
*[pə-nər-**báŋg**-án maa-**lám**]*

reservations
peme**sa**nan **tempat duduk**
*[pə-mə-**sán**-án **təm-pat doo-dook**]*

resort
re**sor**
*[rɛ-**sòr**]*

return
pe**ngem**balian
*[pə-**ŋgəm**-bá-lí-án]*

road
ja**lan**
*[jaa-**lán**]*

roam
ber**ke**li**a**ran
*[bər-kə-**lí**-á-rán]*

room
ka**mar**
*[kaa-**már**]*

route
ru**te**
*[rú-**tə**]*

safari
sa**f**ari
*[sa**f**ari]*

sail
berla**yar**
*[bər-laa-**yár**]*

seat
tem**pat** du**duk**
*[təm-**pát** dú-**dúk**]*

sightseeing
meli**hat**-li**hat**
*[mə-lí-**hát**- lí-**hát**]*

souvenir
suve**nir**
*[sú-və-**nír**]*

step
a**nak tang**ga
*[á-**nák táŋg**-gá]*

suitcase
ko**per**
*[kò-**pər**]*

take off
le**pas lan**das
*[lə-**pás lán**-dás]*

tour
tur
*[**túr**]*

tourism
pariwisa**ta**
*[pá-rí-wí-sá-**tá**]*

tourist
tu**ris**
[tú-rís]

traffic
la**lu** lin**tas**
[lá-lú lín-taas]

trek
per**ja**lanan pan**jang**
[pər-jaa-lán-án paan-jáŋg]

travel
per**ja**lanan
[pər-jaa-lán-án]

travel agent
a**gen** per**ja**lanan
[á-gɛn pər-jaa-lán-án]

trip
per**ja**lanan
[pər-jaa-lán-án]

vacation
liburan
[lí-bú-rán]

voyage
pelayaran
*[pə-**laa**-yár-án]*

Modes of Transportation
Alat Transportasi
*[Á-**laat** Tráns-pòr-tá-**see**]*

airplane/plane
pesawat
*[pə-saa-**wát**]*

automobile
mobil
*[mò-**bíll**]*

balloon
balon
*[baa-**lòn**]*

bicycle
sepeda
*[sə-**pe**-daa]*

boat
perahu
*[pə-ra-**hoo**]*

bus
bus
[boos]

canoe
kano
[ká-no]

car
mo**bil**
[mò-bíll]

ferry
fe**ri**
[fɛ-rí]

motorcycle
se**pe**da mo**tor**
*[sə-**pe**-daa mò-**tòr**]*

motor home
rumah bermo**tor**
*[roo-máh bər-mò-**tòr**]*

ship
ka**pal**
*[kaa-**pál**]*

subway
kere**ta ba**wah **ta**nah
*[kə-re-**taa baa**-wáh **taa**-nah]*

taxi
tak**si**
*[ták-**see**]*

train
kere**ta**
*[kə-re-**taa**]*

van
v**an**
[vɛn]

Hotels
Hot**el**
*[Ho-**tɛl**]*

accessible
mu**dah** di**ak**ses
*[mú-**dáh** dí-**ák**-sɛs]*

airport shuttle
an**tar**-jem**put** banda**ra**
*[án-**taar** jəm-**pút** baan-dá-**rá**]*

all-inclusive
leng**kap**
*[ləŋ-**káp**]*

amenities
fasili**tas**
*[fá-sí-lí-**tás**]*

balcony
bal**kon**
*[baal-**kòn**]*

bathroom
ka**mar** man**di**
*[kaa-**már** mán-**dí**]*

beach
pan**tai**
*[paan-**táí**]*

beds
tem**pat** ti**dur**
*[təm-**pát** tí-**dúr**]*

bed and breakfast
pe**ngi**napan ke**cil**
*[pə-**ŋgí**-ná-pán kə-**chíl**]*

bellboy/bellhop
por tir
[pòr-tír]

bill
nota
[no-tá]

breakfast
sarapan
[saa-rá-pán]

business center
pusat bisnis
[pú-sát bis-nis]

cable/satellite tv
tv kabel/satelit
[tv ká-bəl/saa-tə-lít]

charges (in-room)
tagihan (kamar)
[tá-gí-hán (kaa-már)]

check-in
check-in
[check-in]

check-out
check-**out**
*[check **out**]*

concierge
penja**ga pin**tu
*[pən-já-**gá pín**-tú]*

Continental breakfast
sara**pan Kon**tinental
*[saa-rá-**pán Kon**tinentál]*

corridors (interior)
kori**dor** (interi**or**)
*[kò-rí-**dòr** (intɛri**òr**)]*

doorman
penja**ga pin**tu
*[pən-já-**gá pín**-tú]*

double bed
dou**ble bed**
*[dou**ble bed**]*

double room
ka**mar** dou**ble**
*[kaa-**már** dou**ble**]*

elevator
elevator
[e-ɛ-lə-vá-tòr]

exercise/fitness room
ruang olahraga/kebugaran
[rú-áŋg o-lah-ra-ga kə-bú-gá-rán]

extra bed
tempat tidur ekstra
[təm-pát tí-dúr eks-tra]

floor
lantai
[laan-táí]

front desk
meja resepsionis
[mə-já rə-sɛp-sí-ò-nís]

full breakfast
sarapan lengkap
[saa-rá-pán ləŋg-káp]

gift shop
toko oleh-oleh
[to-ko o-lɛh-o-lɛh]

guest
ta**mu**
*[taa-**mú**]*

guest laundry
pa**kai**an ko**tor** ta**mu**
*[pá-**kái**-án kò-**tòr** tá-**mú**]*

hair dryer
penge**ring ram**but
*[pə-ŋgə-**ríŋg rám**-bút]*

high-rise
ba**gun**an **ting**gi
*[bá-**ŋgú**-nán **tíŋg**-gí]*

hotel
ho**tel**
*[hò-**tɛl**]*

housekeeping
ta**ta** gra**ha**
*[taa-**tá** grá-**há**]*

information desk
me**ja** in**for**masi
*[me-**jaa** ín-**fòr**-má-sí]*

inn
penginapan
[pə-ŋgí-ná-pán]

in-room
dalam kamar
[daa-lám kaa-már]

internet
internet
[internet]

iron/ironing board
setrika/papan setrika
[sə-trí-ká/paa-pán sə-trí-ká]

key
kunci
[kún-chí]

king bed
king bed
[king bed]

lobby
lobi
[lò-bí]

local calls
panggilan lo**kal**
[páŋ-gí-lán lò-kál]

lounge
ru**ang** san**tai**
[rú-áŋg sán-tái]

luggage
ko**per**
[kò-pər]

luxury
keme**wah**an
[kə-me-wáh-án]

maid
pela**yan**
[pə-laa-yán]

manager
mana**jer**
[mɛ-nɛ-jər]

massage
pi**jat**
[pí-ját]

meeting room
ru**ang** per**te**muan
[rú-áŋg pər-tə-mú-án]

microwave
micro**wave**
[microwave]

mini-bar
mi**ni-bar**
[mini-bár]

motel
mo**tel**
[mò-tɛl]

newspaper
ko**ran**
[kò-rán]

newsstand
ki**os** ko**ran**
[kí-òs kò-rán]

non-smoking
be**bas** a**sap** ro**kok**
[be-bás á-sáp rò-kòk]

pets/no pets
he**wan** pia**ra**an diperbo**leh**kan/dilarang
*[hɛ-**wán** pí-á-**rá**-án dí-pər-bò-**lɛh**-kán/dí-lá-**ráŋg**]*

pool - indoor/outdoor
ko**lam** re**nang** - in**door**/out**door**
*[kò-**laam** rə-**náŋ**] – in**door**/out**door***

porter
por**tir**
*[pòr-**tír**]*

queen bed
queen **bed**
*[queen **bed**]*

parking
tem**pat** par**kir**
*[təm-**pát** pár-**kír**]*

receipt
no**ta**
*[nò-**taa**]*

reception desk
me**ja** re**sep**sionis
*[me-**jaa** rə-**sɛp**-sí-ò-nís]*

refrigerator (in-room)
kulkas (kamar)
[kúl-kás (kaa-már)]

reservation
reservasi
[rɛ-sər-vá-sí]

restaurant
restoran
[rɛs-tò-rán]

room
kamar
[kaa-már]

room number
nomor kamar
[nò-mòr kaa-már]

room service
layanan kamar
[laa-yán-án kaa-már]

safe (in-room)
brankas (kamar)
[bráŋ-kás (kaa-már)]

service charge
ong**kos la**yanan
[*òŋg-**kòs laa**-yán-án*]

shower
pancuran
[***paan**-chú-rán*]

single room
ka**mar** sin**gle**
[*kaa-**már** sín**gle***]

suite
su**i**te
[*suite*]

tax
pa**j**ak
[*paa-**ják***]

tip
tip
[***típ***]

twin bed
twin **bed**
[*twin **bed***]

vacancy/ no vacancy
ada ka**mar**/pe**nuh**
*[aa-dá kaa-**már**/pə-**núh**]*

wake-up call
panggilan ba**ngun**
*[**páŋ**-gíl-án bá-**ŋgún**]*

whirlpool/hot tub
whirl**pool**/**hot tub**
*[whirl**pool**/**hot tub**]*

wireless high-speed internet
inter**net** nirka**bel** berke**ce**patan **ting**gi
*[inter**net** nír-kaa-**bəl** bər-kə-**cə**-pá-tán **tíŋ**-gí]*

Related Verbs

to arrive
sam**pai**
*[sám-**pái**]*

to ask
berta**nya**
*[bər-tá-**ɲaa**]*

to buy
membe**li**
*[məm-bə-**lee**]*

to catch a flight
menge**jar** pesa**wat**
*[mə-ŋgə-**jár** pə-saa-**wát**]*

to change
mengu**bah**
*[mə-ŋgoo-**báh**]*

to drive
mengen**da**rai
*[mə-ŋgən-**dá**-rá-**í**]*

to find
menemu**kan**
*[mə-nə-moo-**kán**]*

to fly
ter**bang**
*[tər-**báng**]*

to land
menda**rat**
*[mən-dá-**raat**]*

to make a reservation
melaku**kan** reserva**si**
*[mə-lá-**koo**-kán re-sər-vá-**sí**]*

to pack
menge**pak**
*[mə-ŋgə-**paak**]*

to pay
memba**yar**
*[məm-baa-**yár**]*

to recommend
mereko**men**dasikan
*[mə-rə-ko-**mən**-dá-see-kán]*

to rent
me**nye**wa
*[mə-**ɲe**-waa]*

to see
meli**hat**
*[mə-lee-**hát**]*

to stay
tinggal
*[**tíŋ**-gaal]*

to take off
le**pas** lan**das**
*[lə-**paas** lán-**dás**]*

to travel
bepe**rgi**an
*[bə-per-**gí**-án]*

to swim
bere**nang**
*[bə-rə-**náŋg**]*

16) SCHOOL
Sekolah
[Sə-ko-laah]

arithmetic
a**rit**metika
*[á-**rít**-me-tí-ká]*

assignment
tu**gas**
*[tú-**gaas**]*

atlas
at**las**
*[át-**laas**]*

backpack
tas pung**gung**
*[tás púŋ-**gúŋg**]*

binder
binder
*[**been**-dər]*

blackboard
pa**pan** tu**lis** hi**tam**
*[pá-**paan** tú-**lís** hí-**taam**]*

book
bu**ku**
*[boo-**koo**]*

bookbag
tas bu**ku**
*[**tás** boo-**koo**]*

bookcase
lema**ri** bu**ku**
*[lə-maa-**rí** boo-**koo**]*

bookmark
penun**juk** hala**man** bu**ku**
*[pə-noon-**júk** há-laa-**mán** boo-**koo**]*

calculator
kalkula**tor**
*[kál-kú-lá-**tor**]*

calendar
ka**len**der
*[ká-**len**-dər]*

chalk
ka**pur**
*[kaa-**poor**]*

chalkboard
papan tulis kapur
[pá-*paan* tú-*lís* kaa-*poor*]

chart
bagan
[ba-*gán*]

class clown
badut kelas
[bá-*dút* kə-*lás*]

classmate
teman sekelas
[tə-*mán* sə-kə-*lás*]

classroom
ruang kelas
[rú-*áŋg* kə-*lás*]

clipboard
papan jepit
[paa-*pán* jə-*pít*]

coach
pelatih
[pe-lá-*tíh*]

colored pencils
pen**sil** war**na**
*[pen-**síl** wár-**naa**]*

compass
kom**pas**
*[kom-**paas**]*

composition book
bu**ku** kom**po**sisi
*[bú-**kú** kom-**po**-sí-sí]*

computer
kompu**ter**
*[kom-pú-**tər**]*

construction paper
ker**tas** kon**struk**si
*[kər-**taas** kon-**strúk**-sí]*

crayons
kra**yon**
*[krá-**yon**]*

desk
me**ja ker**ja
*[me-**já kər**-jaa]*

dictionary
ka**mus**
*[ká-**moos**]*

diploma
ija**zah**
*[í-jaa-**záh**]*

dividers
pemi**sah**
*[pə-mí-**sáh**]*

dormitory
asrama
*[**ás**-raa-má]*

dry-erase board
pa**pan** tu**lis** mu**dah** ke**ring**
*[pá-**paan** tú-**lís** moo-**dáh** kə-**ríŋg**]*

easel
pa**pan** lu**kis**
*[pá-**paan** lú-**kís**]*

encyclopedia
ensi**klo**pedia
*[en-sí-**klo**-pe-dee-a]*

english
Bahasa Inggris
[Bá-há-sá Iŋg-grís]

eraser
penghapus
[pəŋ-haa-pús]

exam
ujian
[ú-jí-án]

experiment
eksperimen
[eks-pe-rí-men]

flash cards
kartu flash
[kaar-tú flash]

folder
folder
[fol-dər]

geography
geografi
[ge-o-grá-fí]

globe
bola du**ni**a
*[**bo**-laa dú-**ní**-á]*

glossary
daf**tar pus**taka
*[dáf-**tár pús**-taa-ká]*

glue
lem
[lem]

gluestick
lem stik
[lem stick]

grades, A, B, C, D, F, passing, failing
ni**lai**, A, B, C, D, F, lu**lus**, ti**dak** lu**lus**
*[ní-**láy** A, B, C, D, F, lú-**lús**, tí-**dák** lú-**lús**]*

gym
pu**sat** kebuga**ran**
*[pú-**sát** kə-bú-gaa-**rán**]*

headmaster
kepa**la** seko**lah**
*[kə-paa-**lá** sə-ko-**láh**]*

highlighter
pe**nan**da
[pə-**nán**-daa]

history
seja**rah**
[sə-jaa-**ráh**]

homework
pe**ker**jaan ru**mah**
[pə-**kər**-jaa-án rú-**máh**]

ink
tinta
[**tín**-taa]

janitor
petu**gas** ke**ber**sihan
[pə-too-**gás** kə-**bər**-síh-án]

Kindergarten
ta**man** ka**nak**-ka**nak**
[tá-**mán** kaa-**nák**-kaa-**nák**]

keyboard
keyboard
[**key**board]

laptop
lap**top**
[laptop]

lesson
pe**la**jaran
*[pə-**laa**-já-rán]*

library
per**pus**takaan
*[pər-**pús**-tá-ká-án]*

librarian
pus**ta**kawan
*[pús-**tá**-kaa-wán]*

lockers
lo**ker**
*[lo-**kər**]*

lunch
ma**kan** si**ang**
*[maa-**kán** sí-**áŋg**]*

lunch box/bag
ko**tak** ma**kan**
*[ko-**ták** maa-**kán**]*

map
pe**ta**
*[pə-**tá**]*

markers
spi**dol**
*[spee-**dol**]*

math
mate**ma**tika
*[maa-tə-**má**-tí-ká]*

notebook
bu**ku** cata**tan**
*[bú-**kú** chá-tá-**tán**]*

notepad
catatan
*[**chá**-tá-tán]*

office
kan**tor**
*[kán-**tor**]*

paper
ker**tas**
*[kər-**taas**]*

paste
menem**pel**kan **pos**ter
*[mə-nem-**pel**-kán **pos**-tər]*

pen
pena
*[**pe**-ná]*

pencil
pen**sil**
*[pen-**síl**]*

pencil case
ko**tak** pen**sil**
*[ko-**ták** pen-**síl**]*

pencil sharpener
penga**sah** pen**sil**
*[pə-ŋgá-**sáh** pen-**síl**]*

physical education/PE
pen**di**dikan **jas**mani
*[pən-**dee**-dee-kán **jaas**-má-ní]*

portfolio
porto**fo**lio
*[porto-**fo**-lio]*

poster
poster
*[**pos**-tər]*

principal
kepa**la** seko**lah**
*[kə-paa-**lá** sə-ko-**láh**]*

professor
profe**sor**
*[pro-fe-**sor**]*

project
pro**yek**
*[pro-**yɛk**]*

protractor
pro**trak**tor
*[pro-**trák**-tor]*

pupil
mu**rid**
*[mú-**ríd**]*

question
perta**nya**an
*[pər-tá-**ɲyá**-án]*

quiz
ku**is**
*[kú-**ís**]*

read
memba**ca**
*[məm-baa-**chá**]*

reading
ba**ca**an
*[baa-**chá**-án]*

recess
istira**hat**
*[ís-tee-raa-**hát**]*

ruler
pengga**ris**
*[pəŋg-gaa-**rís**]*

science
il**mu** penge**ta**huan
*[il-**moo** pə-ŋgə-**tá**-hú-án]*

scissors
gunting
*[**goon**-tíŋg]*

secretary
sekreta**ris**
*[se-krə-taa-**rís**]*

semester
se**mes**ter
*[sə-**mes**-tər]*

stapler
sta**pl**er
[stáp-lər]

student
sis**wa**
*[sis-**wá**]*

tape
i**so**lasi
*[i-**so**-laa-si]*

teacher
gu**ru**
*[gú-**rú**]*

test
tes
[tes]

thesaurus
tesau**rus**
*[te-sá-ú-**rús**]*

vocabulary
ko**sa**kata
*[ko-**sá**-kaa-tá]*

watercolors
cat air
*[**chaat** ayr]*

whiteboard
pa**pan** tu**lis**
*[pá-**paan** tú-**lís**]*

write
menu**lis**
*[mə-noo-**lís**]*

Related Verbs

to answer
menja**wab**
*[mən-jaa-**wáb**]*

to ask
berta**nya**
*[bər-tá-**ɲaa**]*

to draw
meng**gam**bar
*[məŋ-**gám**-baar]*

to drop out
pu**tus** seko**lah**
*[poo-**toos** sə-kò-**laah**]*

to erase
mengha**pus**
*[məŋ-haa-**poos**]*

to fail
ti**dak** lu**lus**
*[tee-**dák** loo-**loos**]*

to learn
bela**jar**
*[bə-lá-**jaar**]*

to pass
lu**lus**
*[loo-**loos**]*

to play
berma**in**
*[bər-maa-**ín**]*

to read
memba**ca**
*[məm-bá-**chaa**]*

to register
men**daf**tar
*[mən-**dáf**-taar]*

to show up
ma**suk**
*[maa-**sook**]*

to sign up
men**daf**tar
*[mən-**dáf**-taar]*

to study
mempelaja**ri**
*[məm-pə-lá-jaa-**rí**]*

to teach
menga**jar**
*[mə-ŋgá-**jaar**]*

to test
mengu**ji**
*[mə-ŋgoo-**jí**]*

to think
berpi**kir**
*[bər-pee-**keer**]*

to write
menu**lis**
*[mə-noo-**lís**]*

17) HOSPITAL
Rumah Sakit
[Roo-mah Saa-kít]

ache
sakit
[saa-kít]

acute
akut
[a-koot]

allergy/allergic
alergi
[a-lɛr-gí]

ambulance
ambulans
[ám-boo-laans]

amnesia
amnesia
[ám-ne-sí-aa]

amputation
amputasi
[ám-poo-taa-sí]

anaemia
ane mia
[á-**ne**-mía]

anesthesiologist
a**nes**tesiolog
[á-**nes**-te-sí-o-lo-gí]

antibiotics
antibio**tik**
[án-tee-bee-ò-**tík**]

anti-depressant
an**ti**-depre**san**
[án-**tee** de-pre-**sán**]

appointment
janji te**mu**
[**ján**-jí tə-**moo**]

arthritis
ra**dang** sen**di**
[raa-**dáŋ** sən-**dee**]

asthma
as**ma**
[ás-**maa**]

bacteria
bakteri
*[**bák**-te-rí]*

bedsore
luka ba**ring**
*[loo-ká baa-**ríŋg**]*

biopsy
bi**op**si
*[bí-**òp**-see]*

blood
da**rah**
*[daa-**ráh**]*

blood count
jum**lah** da**rah**
*[joom-**láh** daa-**ráh**]*

blood donor
do**nor** da**rah**
*[dò-**nòr** daa-**ráh**]*

blood pressure
te**kan**an da**rah**
*[tə-**kán**-án daa-**ráh**]*

blood test
tes darah
[tɛs daa-ráh]

bone
tulang
[too-láŋ]

brace
kawat gigi
[kaa-wát gí-gí]

bruise
memar
[mə-maar]

Caesarean section (C-section)
operasi Cesar
[ò-pə-rá-sí Ce-saar]

cancer
kanker
[kaaŋ-kər]

cardiopulmonary resuscitation (CPR)
cardiopulmonary resuscitation (CPR)
[cardiopulmonary resuscitation]

case
kotak
[kò-ták]

cast
gips
[gíps]

chemotherapy
kemoterapi
[ke-mo-terá-pí]

coroner
koroner
[ko-ro-nɛr]

critical
kritis
[kree-tís]

crutches
kruk
[krook]

cyst
kista
[kís-tá]

deficiency
defisiensi
[de-fee-sí-en-sí]

dehydrated
dehidrasi
[de-hí-draa-sí]

diabetes
diabetes
[dee-á-be-tes]

diagnosis
diagnosis
[dee-ág-no-sis]

dietician
ahli diet
[áh-lee dee-et]

disease
penyakit
[pə-ɲyá-kít]

doctor
dokter
[dòk-tər]

emergency
darurat
[dá-roo-rát]

emergency room (ER)
unit gawat darurat (UGD)
[oo-nít gá-wát daa-roo-rát]

exam
pemeriksaan
[pə-mə-rík-sá-án]

fever
demam
[də-maam]

flu (influenza)
flu (influenza)
[flu (influenza)]

fracture
patah tulang
[paa-táh tú-láŋg]

heart attack
serangan jantung
[sə-ráŋg-án ján-túŋg]

hematologist
ahli **h**ema**to**logi
[áh-lí he-maa-to-lo-gí]

hives
ga**tal**-ga**tal**
[gá-tál-gá-tál]

hospital
ru**mah** sa**kit**
[roo-mah saa-kít]

illness
penya**kit**
[pə-ɲyá-kít]

imaging
penci**tra**an
[pən-chí-trá-án]

immunization
imu**ni**sasi
[i-moo-ní-sá-sí]

infection
in**fek**si
[in-fɛk-sí]

Intensive Care Unit (ICU)
Unit Pera**wat**an Inten**sif**
*[Ú-**nít** Pə-raa-**wát**-án In-ten-**síf**]*

IV
in**fus**
*[inn-**foos**]*

laboratory (lab)
la**bo**ratorium (lab)
*[lá-**bo**-rá-to-rí-úm]*

life support
duku**ngan** hi**dup**
*[doo-kú-**ŋgán** hee-**dhoop**]*

mass
mas**sa**
*[mas-**saa**]*

medical technician
teknisi **me**dis
*[**tek**-ní-sí **me**-dís]*

neurosurgeon
ahli be**dah** sa**raf**
*[**áh**-lí bə-**dáh** sá-**ráf**]*

nurse
pera**wat**
*[pə-raa-**wát**]*

operating room (OR)
ru**ang** opera**si**
*[rú-**wáŋ** o-pə-rá-**sí**]*

operation
opera**si**
*[o-pə-rá-**sí**]*

ophthalmologist
dokter ma**ta**
*[**dòk**-tər maa-**tá**]*

orthopedic
or**to**pedi
*[or-**to**-pe-dee]*

pain
nye**ri**
*[ɲə-**ree**]*

patient
pasien
*[**paa**-sí-en]*

pediatrician
dokter a**nak**
[dòk-tər aa-nák]

pharmacist
apote**ker**
[a-po-tɛkər]

pharmacy
apo**tek**
[a-po-tɛk]

physical Therapist
tera**pis** fi**sik**
[te-ra-pís fee-sík]

physician
dokter
[dòk-tər]

poison
ra**cun**
[raa-chún]

prescription
o**bat** re**sep**
[ò-bát rə-sɛp]

psychiatrist
psikia**ter**
*[psee-kee-á-**tər**]*

radiologist
radi**olog**
*[rá-dee-**o-log**]*

resident
resi**den**
*[re-see-**dɛn**]*

scan
pe**min**daian
*[pə-**mín**-dáy-án]*

scrubs
ba**ju** opera**si**
*[bá-**joo** o-pə-rá-**sí**]*

shots
suntikan
*[**soon**-tík-kán]*

side effects
e**fek** sam**ping**
*[e-**fek** saam-**píŋg**]*

specialist
spesia**lis**
*[spe-see-á-**lís**]*

stable
sta**bil**
*[stá-**bíll**]*

surgeon
ahli be**dah**
*[**áh**-lee bə-**dáh**]*

symptoms
geja**la**
*[gə-jaa-**lá**]*

therapy
terapi
*[**te**-ra-pee]*

treatment
p**engo**batan
*[pə-**ŋgò**-baa-tán]*

vein
ve**na**
*[ve-**naa**]*

visiting hours
jam be**suk**
*[jaam bə-**sook**]*

visitor
pengun**jung**
*[pə-ŋgoon-**jooŋg**]*

wheelchair
kur**si** ro**da**
*[koor-**see** rò-**daa**]*

x-ray
si**nar**-x
*[see-**nár**-X]*

Related Verbs

to bring
memba**wa**
*[məm-bá-**waa**]*

to cough
ba**tuk**
*[baa-**took**]*

to examine
meme**rik**sa
*[mə-mə-**rík**-sá]*

to explain
mene**rang**kan
*[mə-nə-**raaŋ**-kán]*

to feel
mera**sa**
*[mə-raa-**sá**]*

to give
membe**ri**
*[məm-bə-**rí**]*

to hurt
melu**ka**i
*[mə-loo-**ká**-í]*

to prescribe
membe**ri** re**sep**
*[məm-bə-**rí** rə-**sɛp**]*

to scan
me**min**dai
*[mə-**mín**-dáy]*

to take
mengam**bil**
*[mə-ŋgám-**bíll**]*

to test
me**ngu**ji
*[mə-**ŋgoo**-jí]*

to treat
me**ngo**bati
*[mə-**ŋgò**-bá-tee]*

to visit
me**ngun**jungi
*[mə-**ŋgoon**-joo-ŋgí]*

to wait
me**nung**gu
*[mə-**nooŋg**-goo]*

to x-ray
melaku**kan si**nar-x
*[mə-lá-koo-**kán see**-nár-X]*

18) EMERGENCY
Darurat
[Dá-roo-rát]

accident
kecelakaan
[kə-chə-lá-ká-an]

aftershock
susulan
[soo-soo-laan]

ambulance
ambulans
[aam-boo-láns]

asthma attack
serangan asma
[sə-ráŋ-án ás-maa]

avalanche
longsoran
[lòŋ-sòr-án]

blizzard
badai salju
[bá-dáy sál-joo]

blood/bleeding
darah/berdarah
[dá-raah/bər-dá-raah]

broken bone
tulang patah
[too-láŋg paa-táh]

car accident
kecelakaan mobil
[kə-chə-lá-ká-án mò-bill]

chest pain
nyeri dada
[ɲə-rí daa-dá]

choking
tersedak
[tər-sə-dák]

coast guard
penjaga pantai
[pən-jaa-gá pán-táy]

crash
tabrakan
[ta-brák-kán]

diabetes
dia**be**tes
*[dee-á-**be**-tes]*

doctor
dokter
*[**dòk**-tər]*

drought
kema**rau**
*[kə-má-**ròw**]*

drowning
tenge**lam**
*[təŋg-gə-**laam**]*

earthquake
gempa bu**mi**
*[**gəm**-paa boo-**mí**]*

emergency
daru**rat**
*[dá-roo-**rát**]*

emergency services
layan**an** daru**rat**
*[laa-yán-**án** dá-roo-**rát**]*

EMT (emergency medical technician)
teknisi me**dis** daru**rat**
*[tɛk-nee-see mɛ-**dís** dá-roo-**rát**]*

explosion
leda**kan**
*[lə-dák-**kán**]*

fight
perkela**hi**an
*[pər-kə-lá-**hee**-án]*

fire
a**pi**
*[á-**pee**]*

fire department
pema**dam** keba**kar**an
*[pə-maa-**dám** kə-baa-**kár**-án]*

fire escape
lo**rong** keba**kar**an
*[lò-**ròŋg** kə-baa-**kár**-án]*

firefighter
pema**dam** keba**kar**an
*[pə-maa-**dám** kə-baa-**kár**-án]*

fire truck
truk pema**dam** keba**kar**an
*[**trook** pə-maa-**dám** kə-baa-**kár**-án]*

first aid
perto**long**an perta**ma**
*[pər-tò-**lòŋ**-án pər-taa-**má**]*

flood
ban**jir**
*[bán-**djeer**]*

fog
ka**but**
*[kaa-**boot**]*

gun
senjata
*[**sən**-jaa-tá]*

gunshot
tembakan **sen**jata
*[**tɛm**-baa-kán **sən**-jaa-tá]*

heart attack
serang**an** jan**tung**
*[sə-ráŋ-**án** ján-**tooŋ**]*

heimlich maneuver
manuver heimlich
*[ma-noo-**vər heim**lich]*

help
to**long**
*[tò-**lòŋg**]*

hospital
ru**mah** sa**kit**
*[roo-**mah** saa-**kít**]*

hurricane
a**ngin to**pan
*[a-**ŋgin to**-pan]*

injury
luka
*[**loo**-kaa]*

ladder
tangga
*[**táŋg**-gaa]*

lifeguard
pere**nang** penyela**mat**
*[pə-rə-**náŋg** pə-ɲə-laa-**mát**]*

life support
dukungan hidup
*[doo-koo-**ŋgán** hee-**dhoop**]*

lightening
lightening
*[**light**ening]*

lost
terse**sat**
*[tər-sə-**sát**]*

mudslide
tanah **long**sor
*[tá-náh **lòŋg**-sòr]*

natural disaster
benca**na** a**lam**
*[bən-chá-**ná** á-**laam**]*

nurse
pera**wat**
*[pə-raa-**wát**]*

officer
petu**gas**
*[pə-too-**gás**]*

paramedic
parame**dis**
*[para-mɛ-**dís**]*

poison
ra**cun**
*[rá-**chún**]*

police
polisi
*[**pò**-lee-see]*

police car
mo**bil po**lisi
*[mò-**bill pò**-lee-see]*

rescue
penyelamat**an**
*[pə-ɲə-laa-mát-**án**]*

robbery
pen**cu**rian
*[pən-**choo**-rí-án]*

shooting
pe**nem**bakan
*[pə-**nɛm**-bák-án]*

stop
ber**hen**ti
*[bər-**hən**-tee]*

storm
ba**dai**
*[baa-**dáy**]*

stroke
stroke
*[**stroke**]*

temperature
tempera**tur**
*[tem-pə-rá-**toor**]*

thief
pen**cu**ri
*[pən-**choo**-rí]*

tornado
tornado
*[**tòr**-naa-do]*

tsunami
tsuna**mi**
*[tsoo-ná-**mee**]*

unconscious
ti**dak** sa**dar**
[tee-**dák** sá-**dár**]

weather emergency
daru**rat** cua**ca**
[dá-roo-**rát** choo-á-**chá**]

Related Verbs

to bleed
berda**rah**
[bər-dá-**ráh**]

to break
meme**cah**kan
[mə-mə-**cháh**-kán]

to breathe
berna**pas**
[bər-ná-**paas**]

to burn
memba**kar**
[məm-bá-**kaar**]

to call
mene**le**pon
[mə-nə-**lə**-pòn]

to crash
mena**brak**
*[mə-ná-**brák**]*

to cut
memo**tong**
*[mə-mò-**tòŋg**]*

to escape
melari**kan di**ri
*[mə-la-rí-**kán dí**-rí]*

to faint
pingsan
*[**pink**-saan]*

to fall
ja**tuh**
*[já-**tooh**]*

to help
meno**long**
*[mə-naw-**long**]*

to hurt
me**lu**kai
*[mə-**loo**-ká-í]*

to rescue
menyela**mat**kan
*[mə-ɲə-lá-**mát**-kán]*

to save
menyela**mat**kan
*[mə-ɲə-lá-**mát**-kán]*

to shoot
me**nem**bak
*[mə-**nɛm**-bák]*

to wheeze
se**sak** na**pas**
*[sə**sák** ná**pás**]*

to wreck
menghan**cur**kan
*[məŋ-hán-**choor**-kán]*